WAKING THE TIGER

彼得・列文 PeterLevine 著
吳煒聲 譯

喚醒老虎

釋放動物本能，打破「凍僵反應」，讓創傷復原

HEALING TRAUMA:
THE INNATE CAPACITY TO TRANSFORM
OVERWHELMING EXPERIENCES

推薦序

從凍結的狀態解凍

美國加州與華盛頓州註冊心理諮商師、「身體經驗創傷療法」治療師　王裕安

我是一名目前住在美國洛杉磯的心理諮商師，同時也是一名「身體經驗創傷療法」治療師（Somatic Experiencing Practitioner）。從二〇一八年踏入「身體經驗創傷療法」與體驗感知的世界，大幅改變了我的心理治療風格，也大幅地療癒了我身體裡的傷，於是無論作為一名心理諮商師，或是作為一名受傷的人，我都想要真摯地推薦你花時間與精力來閱讀這本書，讓大腦吸收知識，讓身體培養體驗感知。

完成「身體經驗創傷療法」培訓和拿到治療師認證後，回來重讀這本書的感覺很不一樣，特別是幾個月前我才去參加了作者彼得・列文的現場大師課，主題是「慢性疼痛、症候群與COVID後遺症」，從中深刻體會到彼得的治療中心思想，於是重讀這本書的時候有一種一直被彼得耳提面命的感覺，也希望自己牢記在心。

這個「身體經驗創傷療法」的中心思想，是假設我們人類具有療癒創傷的本能，當我們面臨危險或威脅的時候，我們主管本能的爬蟲類腦就會自動啟動喚醒應對能量，然後我們才能戰鬥或逃跑，而很不幸的是，在人類的文明世界裡沒有大草原上的黑斑羚來得單純，沒有辦法直接了當地面對死亡或倖存的結果，於是這些能量最後堵塞在我們身體系統裡，無法排解，我們的身體又為了要管理這些能量而引發了很多管理策略，這大概是「成也新皮質，敗也新皮質」吧！衍生出很多我們一般人比較熟知的創傷後壓力症候群。

身為一個治療師，我更加明白為什麼彼得在治療的時候總是試著讓個案進入更有能量的狀態，不管是透過「Voo 音練習」或「smovey 環運動」，因為我們需要讓個案先從凍結與僵直的狀態出來一點點，感受那些力量，讓個案有動能，療癒本能才能浮現，卡住未完成的地方才能呈現出來，我們才有機會與創傷重新協商。

身為一個有傷的人，在跟隨這本書裡面的練習時又讓我對身體的智慧更明白了一點。在想像各種失事的練習裡，我的胸口會緊繃、會瞠目結舌、憋住氣、心跳加快，即使我沒有任何意外事故的經歷，沒有什麼創傷記憶被激發，想像所帶來的「身歷其境」

卻無比真實，我們的爬蟲類腦是分不清楚現實或夢境，過去、未來或現在的。因此我們如果做了很可怕宛如世界末日在逃跑的夢，醒來後也真的會有跑得很累的感覺，而焦慮與恐懼會讓我們以為未來可能會發生的事情已經在發生了。

這份明白讓我知道，去說服一個人不要想太多、不要焦慮、不要緊張是沒有用的，因為對他們來說，這份焦慮與恐懼再真實不過了，身體已經在經歷一切，而我們需要做的是去讓身體知道危險已經消失了。

因此我們需要從覺察與關注身體感覺（body sensation）開始，培養我們的體驗感知（felt sense），去觀察並理解我們的身體正在經歷什麼，我們才能離我們的身體智慧更靠近，並更進一步去利用我們的療癒本能。

幾年的練習下來，我發現我逐漸從凍結的狀態解凍出來了，我本來不是個會注意到自己肌肉僵硬的人，雖然每次去按摩都會被說肌肉很僵硬，可以說是在肌肉感受上耦合過低，像離線了一樣。現在的我的確能夠注意到更多自己身體不同部位的肌肉活動，更能注意到肩頸緊繃與痠痛，然後更有意識地在運動的時候去使用正確的肌群發力，而不是靠著關節與韌帶去運動，更愛護我的關節與軟組織。

如果我們每一天都能抽出五分鐘的時間來練習彼得提供的體驗感知練習，去感受皮膚與衣物、椅子或外在物體的觸覺，去探索我們在此時此地的定向感受，並覺察我們的身體感覺，我們也就能更加活在當下，更能身心合一地在這個大自然世界裡冒險闖蕩！

身為一個動物愛好者，我在學習「身體經驗創傷療法」的時候真的很常向大自然裡的動物們學習，老師會放很多動物的創傷應對影片，我自己也很喜歡看動物紀錄片，雖然裡面總有死生，有掠食者也有被掠者，但這一切都是自然。

最後鼓勵大家暫時鬆開放下我們人類引以為傲的大腦新皮質，由於有很多翻譯的新概念，第一次讀不大懂是很自然的，就讓爬蟲類腦帶著我們去經驗並練習，純粹地當個動物，成為大自然裡的一份子吧！

推薦序

讓創傷反應走過完整歷程，從創傷中復原

C-IAYT 瑜伽療癒師 蔡士傑 Janus Tsai

近期臺灣一連串的 Me too 運動，似乎提高了人們對於創傷議題的關注，雖然我們並不樂見性騷及性侵事件的發生，但如果人們能對創傷有更深一層的認識，將能使遭遇創傷的人們獲得更多的支持，同時協助他們從創傷中復原。

彼得．列文博士被尊稱為創傷領域的先驅，他所發展的「身體經驗創傷療法」至今仍是廣泛被運用在創傷治療上實證療法，而列文博士撰寫的這本著作，更是極受推崇的經典之作，它不僅能讓普羅大眾更加了解創傷，也能提供醫療及創傷協助者許多寶貴的觀念參考。

身為一位瑜伽療癒師（Yoga Therapist），我時常會有機會與人們談論創傷，也會透過「創傷知情瑜伽」（Trauma-Informed Yoga）來支持與協助人們復原。然而，我

發現多數的人們對於創傷僅有相當粗淺的了解，甚至是對創傷這件事充滿了誤解。正如同列文博士在書中所說，許多人們一直將創傷視為是一種心理疾患，卻不知道創傷其實是一種「身體失調」的現象，更不了解我們能夠透過身體感知及各種身心活動來協助自己復原。

而書中提到的另一個重要觀念是「凍結反應」對於創傷的影響。人在遭遇創傷事件時，時常會出現所謂的凍結反應，如僵住、癱軟無力。當一個人面對創傷事件被激發的身心能量，因為凍結反應而暫時被儲存在體內後，理應在適當的時機被釋放出去，但許多人類社會中不合理的觀念、價值觀和權力利害結構，卻會使人們難以正常地將這些能量釋放出去，而產生隱忍、情緒壓抑的行為，使身心失去恢復平衡的機會，以致身陷於創傷的痛苦循環之中。

很多時候，我們對於創傷不知所措，甚至不知道自己正被創傷所羈絆，是因為對於創傷這件事不夠了解。也有很多人希望能協助身邊的人們，卻不知道該從何處著手，同樣也是因為我們不夠了解創傷的人正在經歷些什麼。這也正是為什麼有許多人們努力推廣著「創傷知情」這件事的主要原因。

而《喚醒老虎》這本書，正能夠讓我們更深入了解創傷，以及正在從創傷中努力復原的人們，讓我們能以更為同理和支持的方式去對待受創者，取代那些不明就裡的解讀、嘲諷或苛責。你、我都會遭遇到創傷，不過只要我們能了解創傷，能讓創傷反應走過完整的歷程，我們都可以從創傷中復原，並從中獲得茁壯成長的養分。

期盼《喚醒老虎》這本書的出版，能喚醒更多人們對於創傷的重視，帶給人們對於生命有更深一層的理解，並能協助正遭受創傷煎熬的人們走向復原之路。誠摯地推薦給每一位願意關懷自己和他人，及正在生命中努力著的你。

推薦序

保持流動，遠離苦痛

心理學作家／愛智者書窩版主 鐘穎

複雜性的身心疾病大概都能找到創傷的痕跡，患者的身心被過度激發、注意力跟著收縮、情感或人格解離，接著是無助感。

身心高度激發的原因是為了調集內在資源來對抗威脅，但威脅卻是不明確的，潛伏的，我們因此變得疑神疑鬼，坐立難安。

這個領域吸引了許多優秀的心理學家投入，彼得．列文（Peter Levine）就是其中之一。在他的觀點裡，創傷不能完全仰賴過去熟悉的談話治療或者藥物，更要從身體與靈性層面入手，向薩滿與動物學習。

因為創傷之所以反覆難平的主因，就是我們謀求行動或反抗的能量「僵住」了，凍結在身體內部。無法有效消耗的結果就是持續警覺，持續關注，但卻難以結束。作者說，它不是一種疾病，而是一種失調。是我們與生俱來的調節能力偏離常軌造成的。

換言之，治療的方式就是再度喚醒，或者鬆綁那些束縛了天生自我調節能力的元素。如果創傷讓你僵住了，那麼你就必須（以正確的方式）動起來。如果創傷讓你啞住了，你就必須把自己的故事說出來。因為我們有著完形的需求，我們需要事情有始有終，需要故事有個結局。當我們不能回擊或逃跑，無法為自己說話或在現場呆住，這份能量就會一直困在身體內，不停謀求將事情完成。

創傷經驗或創傷場景的強迫性重複，就反映了這件事。

對自我調節能力的尋求是這本書的優越之處。作者相信，治癒心理創傷的關鍵是身體感覺，而非強烈的情緒宣洩。甚至我們知道，在心理治療誕生之前，人們並非沒有治療創傷的手段，但它並不是透過醫藥或個別治療，而是民俗或宗教儀式。

書裡提到，薩滿教儀式的目的是為了重新連結個體與集體，為了將人從精神監獄（spiritual limbo）中釋放，把丟失的魂魄尋回來。什麼意思？把失去的療癒性心象和流動的體驗感找回來，使感覺能下放到身體各部位，而不是黏附在特定的想法或意象上。

在這樣的觀點下，詮釋並非必要，取而代之的，是去體驗每一刻升起的感受。同時也要（盡量在專業人員的協助下）留心所有可供利用的、具有療癒性的意象。只要能讓自我重新流動，物極必反（enantiodromia）的心靈原則就會再度運轉，從絕望走向希望，從創傷走向復原。

克服創傷的過程，或許也可以聯想成「降龍」與「伏虎」的過程。在佛教的傳說裡，牠們是用來象徵撕咬我們內在，造成可怕傷害的野獸。你注意到了嗎？傳說裡用的是降服，而不是屠殺。換言之，我們必須在交手的過程中放下敵意，才能成為降龍尊者或伏虎羅漢。

要怎麼放下敵意呢？首先，我們必須停止對牠汙名化，也就是在記憶中反覆對牠思維，將其刻畫成可怕的野獸。作者說，記憶並不是按線性順序去記錄的，而是根據當下的感覺，將帶有類似的激發和感覺基調，帶到前台去組合而成。

換言之，記憶會根據性質成堆擺放，所以不同的目擊者往往會對同一件事情做出截然不同的描述。創傷會讓我們瞬間重歷其境，這樣的機制其實更像作夢，而不是記憶。

如果要導向復原，重要的不見得是尋找或拼湊受虐的記憶，而是讓它流動，讓不同的意象進入原有可能固化的記憶之中，讓治療的渦流緩緩出現。

受虐或創傷的事件不會因此消失，凶猛的龍虎依然存在，但你卻擁有了能夠降服牠們的力量。這樣的過程，作者稱為「重新協商」，其目的是讓因創傷而造成的過度收縮，也就是對威脅的過分專注，能夠慢慢放下。

這樣的作法或許會讓你聯想到「正念」，它的理念已經滲透到所有的取向與治療模式中，也確實卓有成效。

動物遭受創傷時，並不會出現像人類那樣的反應。這點也讓作者感到好奇，人類特別容易受創的原因可能是因為我們會忍不住過度關注致創事件，這點主要源於我們大腦高度進化的新皮質。

而正念卻要我們保持流動。人的經驗與記憶之所以會喪失流動性，或許也跟文字的使用有關。人類發明了文字，給文字特定的意義。那棵植物是「樹」，吹動樹葉的是「風」。但仔細一想，並不是每棵樹都相同，也不是每陣風都一樣。真正的它們總是在變化之中，但文字中的描述與定義卻不會變化。

唯一會變化的，是我們的感知，包括光線、氣味、聲音，以及注意力。治療創傷的契機就在這裡，這也是正念給我們的提醒。創傷總是尋求重現，因此必須加以解凍、軟化，否則它甚至能橫跨多個世代。這樣的原因依舊成謎，但卻指出了心靈的神祕。

作者向我們保證，我們的智慧會告訴我們如何調節我們的體驗。但這個「智慧」指的是誰他並未明言。但這同樣暗指著，我們與生俱來某種能夠自我修復，追求完整的能力與傾向，這個平衡的傾向或許就是榮格心理學所稱的，自性（Self）的展現，或者推動個體化（individuation）的動力。

最讓患者與治療人員苦惱的，就是創傷會自我複製。但本書卻讓我們知道，愛與和解也同樣如此。我們內在的一切都在循環，創傷會帶來負向的迴圈，慈悲亦復如是。這本書雖是多年前的舊作，但它卻是整合性的、以身體取向來進行創傷治療的經典之作。

現代人是過分看重思考了，殊不知思考有時才是困住我們的主因。請從根源處相信我們的身體與心靈，正如作者所言，「每種傷害都存在於生命內部，而生命會不斷自我更新，所以每種傷害都包含治療和更新的種子。」靜觀你的身體，靜觀你的心，你會發現，療癒與更新的種子悄悄發芽。

祝福每位讀者都能降龍伏虎，遠離創傷的痛苦。

各界好評

彼得．列文充滿創意，一直站在治療領域擔任先鋒，並且毫無畏懼，勇敢投入未知領域。他始終如一，不斷研究創傷、找出創傷如何潛入身體組織，以及如何療癒創傷。這是學習治療過程的學生期待已久的書。

——唐．漢倫．強生（Don Hanlon Johnson）博士／加州綜合研究所（California Institute of Integral Studies）人體學教授

本書介紹了身體經驗創傷療法（Somatic Experiencing），這是一種治療創傷的原創科學之道。治療方法是基於對人體思維和生理之間雙向交流的理解。列文提出有效的理論，證明可以透過身體去療癒創傷，而且創傷的心理傷疤是可逆的，但前提是我們必須傾聽身體的聲音。

——史蒂芬．W．波赫斯（Stephen W. Porges）博士／馬里蘭大學人類發展與心理學教授，研究情緒調節、壓力和健康的神經生理學基礎的科學家

本書針對人生最重要的領域，提供了非常豐富的構想，讓人回味再三，而且內容頭頭是道，語帶激情，讓人讀來輕鬆自如。列文的作品底蘊深厚，既引述堅實的科學，又能清楚表達想法。本書至關重要，可謂天才之作。

——羅恩・庫爾茨（Ron Kurtz）／《身體揭示和基於身體的心理治療》（*The Body Reveals and Body-Centered Psychotherapy*）的作者

讓人愛不釋手！令人讚嘆不已！本書是劃時代巨作，探索創傷原因及其對生理的影響，基於經驗來讓我們更了解人類的思維和行為。作者對於如何化解和治癒創傷的想法簡單到令人難以置信。他清楚向我們說明，創傷可以治癒和化解，我們不必一輩子被創傷所苦。本書是專業人士和普羅大眾必讀之作，只要了解和治癒創傷，便不會踏上自我毀滅的道路。

——米拉・羅滕貝格（Mira Rothenberg）／藍莓心理障礙兒童治療中心（Blueberry Treatment Centers for Disturbed Children）名譽董事

本書引領讀者穿越創傷迷宮，沿途引人入勝、近乎詩情畫意，將創意見解與臨床實務相互結合，不禁讓人被列文博士的創傷和轉化理論深深吸引。身心相互作用來治療疾病的科學正在興起，令人興奮，本書做出了重要的貢獻。

——羅伯特・C・斯凱爾（Robert C. Scaer）／神經醫學博士

列文深知如何融入本應發生的身體過程來療癒創傷，而非僅僅重溫發生過的事情。

——尤金・簡德林（Eugene Gendlin）博士，澄心聚焦（Focusing）發展者

生活充滿困境，防不勝防。你要閱讀和學習，做好準備來面對生活和療癒自己。

——伯尼・西格爾（Bernard S. Siegel），醫學博士／《愛的醫療奇蹟》（*Love, Medicine & Miracles*）等暢銷書作者

列文揭露創傷壓力疾患（Traumatic Stress Disorder）的真正原因，清楚指出為什麼治療創傷的常用精神病學和心理學方法效果不彰。他的方法使我們能夠「透過體驗感知，從生理根源去解決問題。體驗感知的智慧融合了人類的動物本能和智能。兩者若缺

少其中一項，我們便注定要再次與自己為敵，直到每個人都傷亡殆盡。只要我們讓這兩者彼此合作，便可在進化的道路上向前邁進，成為更加完整的人，能夠運用所有的能力去感知和享受世界，以及足以讓下一代生活在較為安全的世界。」

——多洛雷斯．夏貝爾（Dolores La Chapelle）／滑雪和太極拳老師

彼得．列文的著作讓我非常興奮，因為他提供了有效的方法，足以治療人質、爆炸受傷者和其他恐怖事件受害者（以及他們的家人，這些人也經常成為受害者）經常會罹患的深層創傷。我曾替國務院工作，後來又擔任恐攻事件的心理顧問。我知道人需要有耐心、抱持同理心和理解的心態，但也需要臨床可靠的過程來找出病患的創傷經歷層次，然後將其層層剝離，以此協助受害者康復。只要你必須處理此類創傷案例，都應該閱讀本書並尋求彼得．列文的協助。他並沒有刻意提出一套治療方式，但他知道關鍵方法，也能詳細解釋其中道理。

——特雷爾．E（特里）．阿諾德（Terrell E. (Terry) Arnold）／前美國國務院反恐辦公室副主任

致謝

我要感謝我的父母莫里斯（Morris）和海倫（Helen），他們賜予我生命，給予我發表著作的載體。謝謝你們一路無怨無悔，鼎力支持我。我還要謝謝「猛撲」（Pouncer）這隻澳洲野犬，牠一直是我踏進動物世界的嚮導，也是我的忠實夥伴。「猛撲」雖然已經十七歲了，卻繼續向我展現活著的樂趣。

我要感謝許多動物行為學家，包括尼可拉斯・廷伯根（Nikolas Tinbergen）、康拉德・洛倫茨（Konrad Lorenz）、H・馮・霍爾斯特（H. von Holst）、保羅・萊豪森（Paul Leyhausen）和艾布爾・埃爾貝斯費爾特（Eibl Elbesfeldt）。感謝各位針對人類動物提出自然主義觀點和科學著作，並且私下與我通信，甚至不時從旁鼓勵。

我要深深感謝威廉・賴希（Wilhelm Reich）的遺世研究，他貢獻卓著，讓我們得以深入探究能量（energy）。菲利普・柯庫魯托（Philip Curcurruto）智慧超群且富有同情心，在他的指導之下，我終於理解能量是什麼。

我還要感謝理查・奧爾尼（Richard Olney）和理查・普萊斯（Richard Price），

他們讓我體認到自己根本不知道何為自我接納（self acceptance）。我也感謝艾達・羅爾夫（Ida Rolf），她啟發了我，讓我成為科學家兼治療師。在此也向維吉尼亞・強生（Virginia Johnson）博士致謝，謝謝妳鑽研意識狀態的改變，讓我獲益匪淺。

我曾接受兩位理論老師的指導，其一是恩斯特・蓋爾霍恩（Ernst Gellhorn），他啟發了我的神經生理學思想，另一位則是阿赫特・阿森（Akhter Ahsen），他鞏固了我對「身心的未分化和融合統一」的看法。

我還要感謝許多朋友，尤其是艾米・格雷比爾（Amy Graybeal）和洛林・海格（Lorin Hager），他們協助我完成本書。我也要謝謝蓋・科赫里奇（Guy Coheleach），他仁慈慷慨，允許我使用他豪邁奔放的精湛動物繪圖[1]。最後，我要心懷謙卑，感謝美杜莎（Medusa）、珀爾修斯（Perseus）以及其他身體無意識的強大力量，感謝這些神話人物或力量，協助我建構存在（being）的原型領域（archetypal field）。

編註1：英文版封面與內頁的插圖。

導言

如果你展現內在力量，它將救贖你；如果你不展現內在力量，它就會摧毀你。

——摘自《諾斯底福音書》（Gnostic Gospels）

在過去的四分之一個世紀，約略我的半生歲月，我一直試圖解開創傷的巨大謎團。由於我長期對創傷這種病態學科熱情不減，同事和學生便經常問我為何能如此樂在其中而毫不厭倦？其實，儘管我一直感受劇烈的痛苦，接觸到「恐怖的知識」，但我卻欲罷不能且獲益良多。我的終生志業就是要讓人理解心理創傷並加以治療。人會受到各種創傷，最常遭遇車禍或其他事故、罹患重症、接受手術和侵入性醫療手術、看牙醫、遭人毆打、經歷或目睹暴力行徑、捲入戰爭或遭逢各類天災，最終導致心理傷害。

我對創傷（trauma）這門學科著迷不已，因為它與物理、自然科學、神話和藝術均有所牽連。我鑽研創傷之後，理解了何謂痛苦，無論這種痛苦是必要或不必要的。最重要的是，我深刻了解人類精神之謎。我心存感激，感恩有這種獨特的學習機會，更感謝能有機會見證並參與創傷治癒過程中的深刻轉變。

誰都會受到心理創傷，但不必終身受其困擾。創傷不僅能治療，而且透過適當的指導和支援，更能使其轉變。創傷轉化之後，有可能成為促進心靈健康、社會安全、靈性覺醒和人類進化的巨大力量。我們作為個體、群體和社群，如何去應對創傷將大幅影響我們的生活品質，甚至會關乎人類這個物種能否存續下去。

心理創傷一直被視為心理和生理疾患。現代醫學和心理學雖然經常提及身心相連，但只是將其掛在嘴上，其實都極度低估身心在治癒創傷方面的深層關聯。綜觀以往，世界各地的傳統療法無不講究身心緊密結合，並以此為實務基礎來療癒病人，但遺憾的是，現代人理解和治療創傷時卻不重視身心的結合。

數千年來，東方和薩滿[2]的治療師不僅知道心靈會影響身體（如同身心醫學〔psychosomatic medicine〕的認知），而且還瞭解身體的每個器官都有對應的心靈

譯註2：shaman，可譯成薩滿或巫師。

代表。神經科學和心理神經免疫學近來取得劃時代的突破，確認身心之間有著複雜的雙向交流。像是坎達絲・珀特（Candice Pert）這樣的研究者找到了複雜的「神經肽信使」（neuro-peptide messenger），從而發現許多身心雙向交流的路徑。這種尖端研究與古代智慧相互呼應，亦即每個身體器官（包括大腦）會訴說自身的「想法」、「感受」和受到的「刺激」，並且會相互聆聽，彼此述說。

創傷療法通常都是透過交談來影響心靈，或者利用藥物去作用於心靈分子。這兩種方法當然有用，然而，除非能同時關注身體扮演的角色，否則永遠無法完全療癒創傷。我們必須了解身體如何受到創傷影響，以及身體能在治癒創傷後遺症上發揮關鍵力量。若是欠缺這種基礎，便無法克服創傷，而且療癒效果有限，會經常以偏概全。

生命不是只能根據機械理論和分解理論來拆解，它是有感覺、有情緒和有感知的，乃是活生生的生物體。我們與有情眾生一樣，擁有這種活生生的生物體。這個生物體指出，人天生便具備療癒創傷的能力，學習去駕馭並轉換人體內令人敬畏和聰明的原始能量，便能從中汲取智慧，本書便是探討這種智慧所帶來的禮物。在我們克服創傷這種毀滅性的力量時，我們的天生潛能會讓我們更上一層樓，掌握嶄新的知識。

彼得・列文（Peter Levine）
寫於美鐵和風號（Amtrak Zephyr）上一九九五年十月

序言
給予身體應有的重視

身體與心靈

任何事物只要能增強、削弱、限制或拓展身體的行動力，都能增強、削弱、限制或擴展心靈的行動力；此外，任何事物只要增強、削弱、限制或擴大心靈的行動力，同樣也能增強、削弱、限制或擴展身體的行動力。

——斯賓諾莎（Spinoza）（公元一六三二年—公元一六七七年）3

如果你有一些奇怪的症狀，但似乎無人能解釋其中理由，這些症狀可能是你的創傷反應，源自於過去某個你可能遺忘的事件。很多人都會這樣。你並沒有神經錯亂，一切都有合理的解釋。你曾經受到傷害，但這些傷害並非不可修復，只要花點功夫，可能會減輕這些症狀，甚至使其徹底消失。我們知道，人經歷心理創傷之後，心靈會發生巨變。舉例來說，我們出車禍以後，起初不會有任何情緒反應，甚至記憶會模糊或混亂，不清楚到底出了什麼事。這種非凡的防衛機制（比如解離〔dissociation〕和否認〔denial〕）能幫助人度過難關，找到安心之處，隨著時光流逝，讓巨變狀態「逐漸消失」。

我們經歷心理創傷時，身體也會出現深切的反應。我們即將行動時，身體會緊繃；我們恐懼時，身體會警戒；在極度驚恐時，身體又會僵硬，乃至癱軟無力。人遭遇鋪天蓋地的重大事件時，心靈會做出保護性反應，當其逐漸恢復正常之後，身體的反應也應該漸趨和緩。然而，假使這種恢復過程受到阻礙，創傷效應就會固著，讓當事人受到創傷。

心理學界治療創傷時，一直著眼於創傷對心靈的影響。然而，這頂多只能解決部分的問題，效果不甚理想。如果不把身體和心靈視為整體，便無法深入理解創傷，遑論加以治療。

尋找解決之道

我在過去二十五年中創造出自然方法（naturalistic approach）[4]去化解創傷症狀，本書便是探討這些。創傷後壓力症／創傷後壓力疾患（post-traumatic stress disorder，簡稱 PTSD）並非屬於病理性，不必加以控制、壓制或調節。我認為它是某種自然過程出現偏差後所產生的後果。要想治療心理創傷，必須直接了解活生生、有感覺和有感知的生物體。我將和各位分享的原則，不僅是我治療患者時總結的心得，也是我對創傷根源追本溯源的結果。我進行研究時，曾經涉獵生理學、神經科學、動物行為學、數學、心理學和哲學等學科。我起初有點成果，但純屬偶然，只能說運氣不錯。然而，我接觸的患者日漸增多，而且又不斷質疑自己所學，一直激勵自己去深入探索創傷的神祕領域。此時，我能獲取成果，已是必然，絕非僥倖。我愈來愈相信，人類生物體具備各種本能，其中一種便是深刻的生物認知／知識（biological knowing）。只要稍加運用，它便能在我們治療心理創傷時給予我們指引。

我治療患者時，愈來愈關注這些本能反應，而與此同時，我勤奮學習，追根究柢，逐漸理解這些反應。患者理解這些症狀如何形成，瞭解該如何找出症狀並在行動中感受自身本能之後，他們的症狀便大幅減輕了。

身體經驗創傷療法（Somatic Experiencing®）屬於新興療法，至今尚未歷經縝密的科學研究。我認為這種方法很有效，因為我看過數百個案例，病患說他們礙於創傷症狀，曾經無法過著充實美滿的生活，但他們接受治療之後，那些症狀已經消失或大幅減輕。

我通常採取一對一治療，但偶爾也會借鏡其他療法以達兼容並蓄的效果。本書不能取代訓練有素的治療師針對個別病患的治療。話雖如此，我認為本書提供的許多原則和資訊能加速治療創傷。如果你正在接受心理師治療，不妨跟你的治療師分享此書；如果你尚未接受療程，或許能自行參考本書，但這樣做會有局限，你可能仍然需要接受合格的專業人士指導。

譯註3：荷蘭籍猶太裔哲學家兼神學家，以純理性方法研究《聖經》，號稱現代歷史鑑別學先驅。

譯註4：模仿自然的，從自然汲取靈感的。

身體為治療手段

存在[5]如海，身軀為岸。

——蘇菲（無名氏）[6]

本書第一部分介紹創傷，解釋創傷後症候群的起因、發展過程，以及說明其為何極為強烈且歷久不衰。這部分可奠定我們理解創傷的基礎，斬除與創傷有關的各種纏繞枝節，消除虛妄的說法，然後以淺顯易懂的方式，有條不紊闡釋導致創傷的基本生理過程。我們的智力經常會壓過我們的天生本能，卻驅除不了創傷後的反應。我們與四足動物相似的程度可是超乎我們的想像。

我提到「生物體」（organism）時，指的是韋氏詞典（Webster）所下的定義，亦即「相互依存和附屬的元素組成的複雜結構，各元素之間的關係和屬性大致取決於其在整體的功能」。生物體描述我們的整體性，而整體並非骨頭、化學物質、肌肉和器官等各個部分單純累加而成，它其實是由各部分複雜的動態關聯而生成。研究生物體時，需要考慮身體與心靈、原始本能、情緒、智力和靈性等等。我們是生物體，體驗自己時要靠「體驗感知」（felt sense）。體驗感知是一種媒介，我們透過它才能享有充分的感知，以及完全瞭解自己。各位只要接著閱讀本書，同時跟著做書中的練習，便能更加理解這些術語。

第一部分：身體為治療手段。這部分概略探討創傷及其治療過程，指出治療創傷是一種自然現象。它論述每個人與生俱來的治療智慧，以及如何將其融合成一致的整體。我們將會探索人最原始的生物反應。無論各位是否有創傷症狀，只要讀完第一部分，便會更透徹理解自身這個生物體如何運作，也能更加明白該如何與這個生物體協同合作，使自己更有活力，更為健康，讓自己更能享受生命。

這一部分包含一些練習，可幫助各位藉由個人經驗去開始瞭解何為體驗感知。這些練習非常重要。在人體的運作中，體驗感知非常奇妙，唯有透過這些練習才能傳達這種

譯註5：being，泛指物質或非物質存在。任何存在的事物都是存有。

譯註6：Sufi 譯成蘇菲，這是伊斯蘭教的宗派，主張儉樸生活和沉思默禱，以達人主合一。

奇特的層面。對許多人來說，體驗感知是非常陌生的世界，他們雖然經常踏進這個領域，卻始終不曾注意到其間的風景。當你閱讀並體驗這一部分時，你會發現自己其實早已知道裡面講述的某些身體運作方式。

第二部分：創傷的症狀。這一部分更深入探討創傷反應、創傷症狀和受創者經歷的現實等核心要素。

第三部分：轉化和重新協商。這一部分描述我們轉化自身創傷的過程，無論這種創傷是源自個人或社會事件。

第四部分：創傷急救。這一部分包括實用資訊，避免人在發生事故後心理受到創傷。此外，這部分還簡單討論了兒童心理創傷（我未來會寫另一本書，專門討論兒童心理創傷）。

我認為每個人都得瞭解本書的基本資訊。有了這些資訊，我們便可深入體會和理解創傷的治療過程，讓我們透過感知去依賴自身的生物體。此外，我認為無論從個人或社會角度來看，這些資訊都非常中肯貼切。某些心理創傷肇因於影響全球的事件，這類創傷規模龐大，對我們的家庭、社會乃至整個人類造成重大損失。心理創傷會自我延續，進一步導致另一種心理創傷。除非我們採取措施去遏阻它蔓延，否則這個過程會持續下去，最終在家族、社會和國家代代相傳。目前對心理受創群體進行的轉化治療仍在萌芽階段。第三部分會探討一種針對心理受創群體的治療方法，此法是我在挪威和同事共同創造的。

我經常建議心理受創的人向訓練有素的專業人士尋求幫助，所以我希望本書也能為這些專業人士所用。一旦生理過程無法順沿正常軌道發展時，便會出現反常現象，但心理學家幾乎沒有足夠的生理學背景，因此無法辨識這些反常現象。希望本書的資訊能替創傷治療開創嶄新的局面。我根據自身經驗得知，當今流行的許多心理創傷治療方法頂多只能暫時緩解創傷症狀。有些宣洩法（cathartic method／approach）鼓勵患者猛烈宣洩情感，但這種方法可能會造成傷害。從長遠來看，我認為宣洩法會使患者需要持續宣洩情感，進而導致所謂的「錯誤記憶」（false memory）。礙於創傷的固有特性，宣洩情緒去重新經歷某種事件不但沒有治癒效果，反而會造成新的創傷。

精神療法／心理治療（psychotherapy）牽涉甚廣，遠超過本書關注的焦點，亦即震撼創傷（shock trauma）。人在遭遇危及生命、自己卻無力應對的事件時，便會受到震撼創傷。相較之下，若在孩童時期遭到持續虐待，特別是這種虐待發生在家庭裡，便會遭受「發展性創傷」（developmental trauma）。發展性創傷主要指的是心理問題，人有這些心理問題，通常是童年的關鍵發展階段沒有受到適當的養育和引導。創傷成因各有不同，而虐待和漠視也會引起類似於震撼創傷的症狀，而這些症狀經常和震撼創傷的症狀交融在一起。因此，人若有發展性創傷，就必須接受治療，以便在專家的幫助下化解已經和創傷反應交織在一起的問題。

如果震撼創傷是由孤立事件或一系列事件所引起，而且先前沒有持續的心理創傷史，我認為這些患者跟家人和朋友溝通之後，便能夠自癒，化解創傷。我強烈推崇這種自癒療法，所以撰寫本書時不用專業術語。此外，本書還可供父母、老師、兒童照顧者，以及作為兒童榜樣的指導者使用。誠摯希望本書能給他們帶來一份寶貴的禮物，讓他們遭遇創傷事件時能夠立即做出反應。本書也對醫生、護士、護理人員、警察、消防隊員、救難人員，還有需要經常與事故受害者、天災受難者打交道的人，也都非常有用，這些人可將本書內容運用到工作，不僅助人，也能自助。因為若是目睹任何形式的重大災害（尤其是常態性），會跟親身經歷這些事件一樣，遭受某種程度的心理創傷。

如何使用本書

閱讀本書時，請慢慢消化內容。進行書中的練習，要慢慢和輕鬆地做。心理創傷是人體內最強大的驅動力所導致的結果，我們要敬畏它。閱讀時走馬看花，或許不會有什麼壞處，但若能細嚼慢嚥，仔細吸收內容，將可獲益甚多。

如果你閱讀書中內容或做練習時感覺不適，請停下來，讓不舒服的感覺平息。靜靜坐著，體悟自己的經驗，看看會發生什麼。外界對心理創傷有諸多誤解，而誤解之深，令人驚訝，這不僅會影響人的經驗，更會影響人對自我的態度。當這種誤解出現時，你要能意識到，這點非常重要。假使你能留意自己對本書內容的反應，你的生物體便會引導你，讓你以適當的節奏閱讀下去。

治癒心理創傷的關鍵是身體感知（body sensation），而非強烈的情緒。請留意你體內湧動的情緒反應，注意你的身體如何以感知和想法的形式去感受這些情緒。如果你的情緒過於強烈，出現憤怒、恐懼或特別無助等等，你便需要尋求專業人士的幫助。

你不必終身受心理創傷所苦。在攻擊人類生物體的所有疾病中，創傷或許最終會被視為有益的。我能如此斷言，乃是因為人在治療創傷時會發生轉變，而這種轉變會提高生活品質。治療創傷時，不一定非得需要複雜的藥物、精密的過程或者長時間療癒。只要明白創傷如何發生，學會找出讓創傷無法化解的機制，便可開始發現你的生物體如何治癒自己。你只要運用簡單的理念和技巧，就能支持這種天生的治癒能力，不會去阻礙它。本書提供的工具和方法可讓你擺脫心理創傷，讓你向前邁步，追求更圓滿的人生，以及更加了解自己。創傷偶爾會讓我們墜入地獄，但創傷一旦被療癒，便是上蒼賜予我們的禮物。每個人都可以踏上療癒創傷的英雄之旅。

目錄
contents

第二部分
創傷的症狀

第三部分
轉化

第四部分 急救

無論我們身處何處，跟在身後的陰影必定是四腳動物，陰魂不散。

——美國詩人克萊麗莎・平蔻拉・埃思戴絲
（Clarissa Pinkola Estes），
哲學博士，語出《與狼同行的女人》
（*Women Who Run With The Wolves*）

第一部分

身體為治療手段

第一章

被遺忘的昔日陰影

……在我們的心靈中，仍蘊藏著最幽暗的非洲大陸、原始未知的婆羅洲和神祕莫測的亞馬遜盆地。

——英格蘭作家阿道斯・赫胥黎（Aldous Huxley）

自然法則

河谷水草豐茂，一群黑斑羚正在悠閒吃草。此時，風向突然轉變，隨風飄來一股全新卻很熟悉的氣味。黑斑羚嗅到了危險，立刻警戒起來。牠們嗅聞、查探、聆聽片刻，可是沒有察覺任何危險，於是又繼續埋頭吃草，身軀放鬆，卻仍然保持戒備。

一隻獵豹悄悄潛近，逮住機會，便從藏身的灌木林一躍而起。一群黑斑羚如同一個完整的生物體，整批迅速奔向河谷的灌木叢來尋找掩蔽。一隻小黑斑羚突然絆倒了一下，隨即迅速起身奔跑，但已經太遲了。在一片混亂中，獵豹身形迅如閃電，以每小時六十到七十英里的速度向這隻黑斑羚猛衝而去，著實快得驚人。

在獵豹碰觸到牠的那一刻（或者在碰觸牠之前），小黑斑羚便已倒在地上，向即將降臨的死亡之神俯首認命。然而，牠也許沒有受傷。這隻僵臥不動的黑斑羚並不是在裝死，只是出於本能，進入了變異的意識狀態，哺乳類動物在面臨死亡時都是如此。許多原住民認為，這是獵物在面對掠食者時的精神屈服。說句實話，情況確實是如此。

生理學家將這種變異狀態稱為「僵直」（immobility，又譯不動）或「凍結」、「凍僵」（freezing）反應。這是爬蟲類和哺乳類動物面對不可抗拒的威脅時的三大主要反應之一。我們或許更熟知其他兩種，分別是戰鬥（fight）和逃跑（flight）反應。我們對僵直反應瞭解較少，然而，根據我在過去二十五年間所做的研究，我深信想揭開人類創傷的神祕面紗，僵直反應是最重要的一項因素。

大自然發展僵直反應是出於兩種理由。其一，這是最後一道生存策略。說成裝死，或許你更能理解。以那隻小黑斑羚為例，說不定獵豹會將「已死」的獵物拖到某個不會受到其他掠食者侵擾之處，或者將其拖到自己的巢穴，以便跟幼崽一起分享獵物。在這段時間之內，黑斑羚可能會從凍結狀態中醒來，趁獵豹一不注意，便迅速脫逃。一旦黑斑羚脫離了危險，就會擺脫僵直反應帶來的後遺症，重新完全掌控自己的身軀。牠會恢復正常的生活，彷彿什麼都未曾發生過。其次，黑斑羚（或人類）處在凍結狀態時，便會進入一種變異狀態，根本不會感受到痛苦，也就是說，黑斑羚被獵豹用利牙和鋒爪開膛剖肚時便不會感受到痛苦。

人或動物面臨不可抗拒的威脅時會出於本能而屈服，但多數文化會將這種情況視為弱點，將其斥為懦弱。然而，有這種論斷，其實是人深切恐懼僵直的狀態。我們之所以逃避它，乃是因為它很像死亡，我們很想逃避，這點無可厚非，但卻得付出慘重代價。生理學證據清楚表明，能夠進入和走出這種自然反應是避免遭受創傷的關鍵。這種能力是大自然給我們的饋贈。

為何要研究野生動物？因為創傷牽涉生理

千百年來，成千上萬隻猴子在半夜遭到美洲豹獵殺，我們如今一聽到血腥故事，神經系統便會迴響這些猴子臨死前發出的尖叫聲。

——美國環境保護主義者保羅．謝潑德（Paul Shepard）[1]

要治癒人類的創傷症狀，關鍵便隱藏在我們的生理中。人和動物一旦面臨自認為無法逃脫或難以抗拒的威脅，都會出現僵直反應。若想了解這種作用機制，我們要知道僵直完全是出於下意識的反應，這點很重要。這就表示控制這種反應的生理機制存在於大腦和神經系統的原始和本能區域，根本不受意識的控制，這便是我認為研究野生動物行為對於理解和治癒創傷非常重要的原因。

人類大腦和神經系統中不受意識控制與本能的部分，事實上與哺乳類動物，甚至爬蟲類動物都是相同的。我們的大腦經常被稱為「三位一體大腦」（triune brain），因為它包括三個部分，也就是一般人所知道的爬蟲類腦（主導本能與直覺）、哺乳類動物腦或稱邊緣腦（主導情緒），以及人類腦或稱大腦新皮質（neo-cortex）（主導理性與思考）。

人感覺生命受到威脅時，被激發的腦部區域是人跟動物都有的區域，因此我們研究黑斑羚這類動物如何避免心理創傷，便可從中學到許多。更進一步來說，我認為我們若能摸索出野生動物的動態適應過程，亦即牠們如何擺脫和走出僵直反應，重新活動自如

原註1：語出《其他物種：動物如何使我們成為人類》（*The Others—How Animals Made Us Human*），島嶼出版社（Island Press），一九九六年。

和恢復身體運作，那我們便能發現治癒人類創傷症狀的關鍵點。

人類不同於野生動物，一旦遭逢威脅，總是面臨兩難抉擇，不知道該選擇逃跑或起身戰鬥。我們有這種進退維谷的困境，或多或少是因為千百年來，人類這個物種一直是掠食者，又是獵物。史前人類雖以打獵維生，每天卻得長時間躲在冰冷的洞穴裡互相簇擁。我們的老祖宗非常清楚，外頭野獸隨時都可能一把抓住他們，然後把他們撕成碎片。

隨著群聚人數日增，人類又發現如何取火以及發明工具（其中多數是打獵和防禦武器），存活機率便大幅提高。然而，人很容易成為野獸獵物的基因記憶，卻存留於我們的大腦和神經系統。由於我們不像黑斑羚那般迅捷，又不如獵豹那樣擅於潛伏，以及擁有鋒利的尖牙和爪子，我們的大腦經常會懷疑自己能否採取保命的行動。我們礙於這種不確定性，特別容易遭受創傷。敏捷奔跑的黑斑羚或其他類似的動物，無不知道自己是獵物，因此天生便知道該如何存活。牠們能感覺自己需要做什麼，並且會立刻去做。同理，獵豹能以每小時七十英里的速度衝刺，更有尖牙利爪，因此明確知道自己就是掠食者。

對人類而言，掠食者和獵物之間的界限不甚明顯。我們的生命遭受威脅時，理性的大腦也許會感到困惑，同時凌駕我們的本能衝動。這種凌駕之舉或許有其理由，但與之相隨的困惑卻導致了我所稱的「美杜莎情結」（Medusa Complex）[2]，為我們遭受心理創傷埋下了伏筆。如同希臘神話中美杜莎的情況，我們一旦直視死亡，便會感到困惑，然後像石頭一樣僵直不動。我們也許會因為恐懼而身體凍結，而這後續又會引發創傷症狀。

綜觀現代世界，心理創傷非常普遍。不僅士兵或遭受虐待和攻擊的受害人會有心理創傷，多數人也都有這種情況。心理創傷的原因和後果有千百種，經常不為人知，其中包含天災（譬如地震、颶風、洪水和火災）、受到暴力相向、遭逢車禍、跌倒、罹患重病、突然的失落感（好比失去摯愛）、接受手術和其他必要的醫療措施或看牙醫，此外還有難產，甚至懷孕期間曾遭受巨大壓力等等。

譯註2：在希臘神話中，美杜莎是一名長有翅膀的女性，頭髮內有活的毒蛇。人只要凝視她的眼睛，立即會變成石頭。

幸運的是，人具備本能，有感知、反應和反思能力，因此天生便擁有治癒能力，哪怕是最嚴重的創傷性傷害。我也深信，全球人類能夠開始擺脫戰爭和天災的大規模社會心理創傷，然後從中痊癒。

一切關乎能量

創傷症狀並非由「觸發」（triggering）事件本身所引發。它們是由不曾消解和發散的殘餘能量所導致。這些殘餘能量被鎖在神經系統內，然後肆虐橫行，破壞我們的身心。假使我們沒有完成進入、經歷和走出「僵直」或「凍結」狀態的過程，便會被創傷後壓力疾患的長期症狀所苦。這些症狀令人驚恐、使人衰竭，而且經常千奇百怪。然而，我們只要啟動和鼓動天生的驅動力，便會回到動態平衡狀態，從中化解凍結狀態。

讓我們回頭檢視先前獵豹與黑斑羚的那場追逐。那頭小黑斑羚被獵豹追擊而死命狂奔時，牠的神經系統以每小時七十英里的速度匯聚能量。當獵豹最後撲向小黑斑羚時，小黑斑羚癱軟在地。從外表看去，牠靜止不動，彷彿死了一般，但小黑斑羚體內的神經系統仍以每小時七十英里的速度匯聚能量。雖然小黑斑羚急踩剎車不動了，但身體內部的情況如同我們開車時把油門催到底之際又急踩剎車的情況。神經系統（引擎）在體內狂飆，外部身體卻僵直（剎車），兩者的落差在體內形成強烈湍流，此種情況類似於龍捲風。

這種以能量龍捲風為核心，從中造成創傷壓力的各種症狀。為了將這種能量視覺化，不妨想像一下：你正在跟伴侶做愛，就快達到高潮，突然某種外力阻斷了你。現在將這種被抑制的感覺放大一百倍，你大概就能明白一次威脅生命的經歷能夠引發多大的能量。

人或黑斑羚受到威脅之後，必須釋放所有被動員來應付威脅的能量，否則就會遭受創傷。這種殘餘能量不會憑空消失，而會滯留體內，造成各種症狀，好比焦慮、憂鬱、身心失調和行為異常。這些症狀是生物體為了裝載（或圈禁）這些尚未被釋放的殘餘能量所衍生的。

野生動物會依照本能釋放所有受壓抑的能量，因此不會出現各種不適的症狀，人類卻不擅長此道。一旦我們無法釋放這些強大的能量，便會遭受創傷。我們經常無法釋放這些能量，它們便會縈繞不去。此時，我們就如同飛蛾撲火，可能會不知不覺反覆創造某種情況，在這些情況中，我們是有可能逃脫創傷陷阱，但是如果沒有運用合適的手段和資源，多數人都會失敗。可嘆的是，許多人因此飽受恐懼和焦慮之苦，難以自由自在面對自己和這個世界。

許多戰場老兵和強暴案的受害者對這種情形再熟悉不過了。他們也許會數月、甚至數年反覆講述自身經歷、重現這些經歷，以及表達憤怒、恐懼和悲傷，然而，如果他們沒走出原始的「僵直反應」，不把殘餘能量釋放出去，就會繼續困在創傷迷宮，承受痛苦，難有寧日。

幸運的是，如果能善用和調動給我們帶來創傷症狀的巨大能量，便能轉化創傷，使我們邁入更高的層次，足以自我療癒、掌控身體，甚至增長智慧。創傷一經療癒，就會成為寶貴的禮物，使我們重返潮起潮落、充滿和諧、滿是愛戀和憐憫慈悲的自然世界。我在過去二十五年期間，一直致力於治癒各種遭受創傷的病患，我認為人不僅天生便具備治癒自我的能力，也有能力療癒這個世界，使其免受創傷的負面影響。

第二章

創傷的神祕面紗

什麼是創傷？

我最近跟某位企業家聊到我的工作時，他突然大叫：「我的女兒心理一定是受創了，她經常在睡夢中尖叫。我帶她去看心理師，但心理師說『她只是做惡夢』。但我認為並非那麼簡單。」這位企業家說得沒錯。他的女兒在經歷過一次例行的醫療急診程序後，顯然受到了嚴重的驚嚇。在後續的幾個星期裡，常在睡夢中又哭又叫，身體幾乎完全僵硬，他和老婆擔憂不已，但卻無法叫醒女兒。這些很有可能是她在醫院時的受創反應。

許多人跟這位企業家一樣，曾親身經歷或在親人身上看到某些難以解釋的現象，那些經歷並非完全都是創傷的症狀，但大部分是。提供「幫助」的專業人士往往從造成創傷的事件來描述創傷，而不是從自身的角度來定義它。由於我們無法精確定義創傷，自然就很難找出它。

心理學家和精神科醫師診斷創傷時所依據的正式定義如下：創傷由造成壓力的事件所引起，「而該事件超出常人的經歷範圍，幾乎會給任何人造成嚴重的困擾」[1]。這個定義包含以下「不尋常的」經歷：「危及當事人的生命或健康的事件；危及或傷害到當事人孩子、配偶、其他家人或密友的事件；家庭或社區突然被毀；目睹他人身受重傷或因為事故或橫遭暴力而死亡。」

這種描述在初始階段有點用處，但過於模糊，且容易誤導。誰能說得清楚什麼事件屬於「超出常人的經歷範圍」，或者「幾乎會給任何人造成嚴重的困擾」呢？定義中提到的事件確實能夠限制範圍，但仍有不少會造成創傷而處於灰色地帶的事件，好比車禍、摔倒、疾病和手術，人的潛意識都會將這些視為威脅，但正常意識又會將其歸類在常人經歷的範圍之內。然而，它們確實常導致創傷。此外，強暴、飛車槍擊和其他社會角落常見的悲劇，也可能被視為一般的經歷，卻經常會讓受害者引發創傷。

要治癒創傷，便要認清它的症狀。創傷症狀通常是原始反應造成的結果，所以往往很難識別出來。人不需要知道創傷的定義，但需要透過經驗來瞭解創傷會帶來什麼樣的

原注1：《診斷統計手冊》（*Diagnostic Statistics Manual*）——DSM三，修訂版，一九九三年。

感受。我的病患曾經描述了下面的經驗：

我和五歲的兒子喬伊（Joey）在公園裡玩球，他把球丟到離我很遠的地方。當我去撿球的時候，他卻跑到大街上去撿他看見的另一顆球。就在我拿起先前我們一起玩的那顆球的時候，我聽到了尖銳的剎車聲，聲音很大，也很刺耳，我似乎立刻知道他被車撞了，心頭一沉，全身的血好像都停止流動，全部灌到我的雙腳。我開始向街上人群聚集的地方狂奔，但我的腿非常沉重，像被灌了鉛一樣。我四處觀望，但卻看不到喬伊。然而，我知道他出了車禍。我的心揪得很緊，縮在了一起，然後胸腔擴張開來，充滿了恐懼。我推開人群，看到喬伊一動也不動，我立即癱倒在他的身旁。汽車把他拖行了好幾英呎才停下來。他遍體鱗傷，渾身是血。他的衣服被磨破了，整個人靜靜躺在那裡。我非常恐慌，茫然無措。我發瘋似地想把他的身體拼湊回去，我試圖擦掉他身上的血，卻把血弄得到處都是。我一直想把他破碎的衣服整理好，心中不停在想：「不，不可能發生這種事。呼吸啊！喬伊，呼吸啊！」我不停靠在他身上，將我的心貼在他的心上，彷彿我能將生命注入他一動也不動的身體。我逐漸感到麻木，彷彿抽離了現場。而後我覺得自己只是一遍遍重複動作，什麼都感覺不到。

經歷過這種巨大創傷的人，其實都知道創傷是怎麼一回事，而他們的反應也都是基本且原始的。這位不幸的女士所呈現的症狀非常明顯，但有不少的症狀卻很輕微，不易察覺。我們可以探究自己的反應，從而找出造成創傷的經歷。一旦找出這些經歷，你會知道就是這種感覺，錯不了的。

接著，再讓我們來看一個顯然超出一般經驗範圍的事件。

綁架事件

一九七六年，夏日炎炎的午後，二十六位年齡介於五歲到十五歲的孩童搭乘校車時在加州兆吉拉（Chowchilla）某個小鎮外遭人劫持。他們先被趕入兩輛黑色貨車，然後被載到一處廢棄的採石場，並囚禁在一個地下洞窟將近三十個小時。這些孩童最後幸運逃脫了，並且立即被送往當地醫院。醫生檢查了他們的身體，察看他們是否受傷，但連粗略的心理檢查都沒做便讓他們回家。據兩位內科醫師回憶，這些孩子都「好好的」，醫生根本沒發覺哪裡不對勁，也不知道後續必須密切觀察這些孩童。數日之後，當地一位精神科醫生接受邀請，為這些孩童的家長進行演講。他斷然指出，在這二十六位孩童之中，可能只有一位會出現心理問題。而他的說法是當時精神病學界的普遍認知。

八個月之後，另一位精精神科醫生勒諾．特爾（Lenore Terr）開始以科學方法對創傷兒童進行追蹤研究（follow-up study）。這是最早的此類研究，研究時納入了上述遭綁架的孩子。特爾發現，在這二十六位孩童之中，不是只有一位出現創傷後效（aftereffect，後遺症），幾乎所有孩子都出現嚴重且長期的後遺症。他們不僅身心受損，社交功能也受到影響。對許多孩童而言，這只是夢魘的開始。他們逐漸頻頻做惡夢、有暴力傾向，而且社交能力也變差了。在後續幾年，這些孩子飽受嚴重的後遺症，個人生活和家庭都被徹底摧毀。唯一沒受到嚴重影響的是一位十四歲的男孩，名叫鮑伯．巴克萊（Bob Barklay）。下面概略說明他在被綁架時的作為。

孩子們已經被囚禁在「洞窟」（其實只是廢棄採石場中的一個拖車，車子被埋在幾百磅重的泥土和石塊底下）裡將近一天。有個孩子突然靠到一根木柱，而這根木柱是用來支撐洞頂的，孩子一靠之下，木柱就倒了，然後洞頂開始坍塌，泥土和石塊紛紛向孩子砸下來。此時，多數孩子飽受驚嚇，呆若木雞，幾乎無法動彈。有些人發覺不對勁，便開始尖叫。這些孩童明白，如果不能立即逃脫，他們都將死在那裡，在千鈞一髮之際，鮑伯・巴克萊與另一位男孩一起往外挖掘。有了他的帶頭，孩子們也開始挖泥土，終於挖出一條狹窄的通道，穿破了洞頂，然後進入採石場。

巴克萊面臨危機時能夠沉著應對，而且逃脫時還保有了相當的行動力。雖然其他孩童都跟著他逃脫，但許多人卻在逃離時經歷更多的恐懼。假使沒人一直叫他們逃跑，他們很可能會待在原地，絕望而無助。這些人如同行屍走肉，需要別人頻頻催促，才能重獲自由。這種被動行徑跟專門解救人質的軍事小組觀察到的行為極為類似，即所謂的「斯德哥爾摩症候群」（Stockholm syndrome），亦即人質通常會一動不動，除非你反覆命令他們行動。

創傷的神祕面紗

鮑伯．巴克萊帶領著其他孩子重獲自由，順利化解了一場艱難無比的困境。他在那一天當了兆吉拉的英雄，這點毫無疑問。然而，更為重要的是，對巴克萊的人生和對創傷研究感興趣的人而言，巴克萊沒有像其他二十五位小孩那樣飽受創傷後遺症的摧殘。他當天能夠擺脫僵直反應，恢復行動能力，其他孩童則完全被打垮了，毫無行動能力。某些孩子甚至飽受驚嚇，即便危險早已過去很久，他們還深陷於恐懼之中，動彈不得。

人只要受過創傷，通常都會出現這種現象，無力克服經歷帶來的焦慮。有些人飽受創傷事件的威脅，徹底被淹沒，驚恐萬分，成了恐懼的囚徒，無力重新開始生活，但其他經歷了類似事件的人也許不會出現這種持久的症狀。創傷只會對某些人產生影響，這實在令人費解，然而，這不過是創傷的某個神祕之處而已。無論創傷事件有多麼嚇人，也並非每位經歷的人都會受到創傷。為什麼有些人，比如鮑伯．巴克萊，可以面對挑戰，而其他人雖然智力和能力都毫不遜色，卻會被徹底擊垮呢？對於已經受到創傷的人而言，這個現象會有怎樣的啟示？

喚醒老虎：第一線曙光

我初入此行時對創傷一無所知，但在一九六九年，我卻取得了重大的突破，得以一窺創傷的神祕面紗。然而，整件事是完全出乎我的意料，我當時在治療一位名叫南西（Nancy）的女士。南西飽受恐慌症的折磨，症狀一發作，根本就不敢獨自出門。有位精神科醫生知道我對身體／心靈治療法（這在當時還是鮮為人知的新興領域）感興趣，便將南西轉診到我這裡，他認為放鬆訓練或許能夠幫助她。

然後，放鬆無法解決南西的問題。第一次診詢時，我還滿懷天真，熱心協助她放鬆，沒想到讓她恐慌症發作。她全身癱軟，無力呼吸，心臟先是怦怦地劇烈跳動，然後幾乎停止。我當時嚇壞了，深怕自己就這樣把人活活害死。當下我倆都掉落到她的夢魘深淵。

幸好我當時雖然滿懷恐懼，卻仍保持清醒，就在一個瞬間，我彷彿看到一隻猛虎向我們撲來。這種感受襲上我的心頭，我於是狂喊：「有一隻大老虎要吃妳。妳看，老虎向妳撲過去了。快跑到那棵樹，爬上去逃命！」讓我吃驚的是，南西的腿竟然開始以奔跑的姿態顫抖。她發出了一聲令人毛骨悚然的尖叫。當時，有位警察剛好路過，便衝了進來（幸好我的工作夥伴向他解釋清楚整件事情的來龍去脈）。南西開始發抖，然後啜泣，並且全身抽動。

南西持續顫抖了將近一個小時。她想起年幼時，自己有過一次可怕的經歷。當時的她只有三歲，被綁在手術臺上接受扁桃腺切除手術，手術使用的麻醉藥是乙醚。她被麻醉後不能動彈，而且呼吸困難（這是乙醚的常見反應），於是出現了可怕的幻覺。這段童年經歷對她產生了深遠的影響。南西跟兆吉拉的那群孩童一樣，因為曾經遭遇的威脅，整個人被徹底打垮，因此從生理角度來看，她被困在僵直反應之中。換句話說，她的身體選擇棄守，陷入無法逃離的狀態，於是南西不但失去安全感和原本的個性，更徹底喪失真實健康的自我。她受創二十多年之後，這種微妙而隱密的影響逐漸顯現。當南西在一間擁擠的教室參加研究所入學考試，突然爆發嚴重的恐慌症。後來，她就罹患開放懼曠症／廣場恐懼症（agoraphobia），甚至不敢獨自出門。這種恐懼極端且荒謬，南西知道必須尋求專業人士的協助了。

南西初次問診，便經歷了極大的突破。套句她的話說，當她離開我的診所時，感覺

「彷彿又重新找回了自己」。她後續又來問診了幾次，期間還會輕微顫抖，但再也沒有像第一次問診時那樣恐慌症發作。她先是停了克制恐慌症發作的藥，後來還考進一間研究所，最終取得博士學位，求學期間也都沒有再復發。

我遇見南西時，正在研究動物掠食者和獵物的行為。南西出現恐慌症時的癱瘓狀態跟上一章中描述的黑斑羚狀態非常類似，這點引起了我極大的興趣。多數獵物被大型動物攻擊而無法逃命時都會進入僵直狀態。我很確定自己正是因為做了這些研究，才會在那一刻急中生智，說出了那隻不存在的老虎。在後續數年，我一直想搞清楚南西的恐慌症以及她對那隻老虎的反應究竟意味著什麼。在那段期間我繞了不少彎路。

我現在明白，**真正讓她痊癒的並非情緒宣洩，也不是重新經歷幼年的那次扁桃腺切除手術，而是她能夠擺脫被動凍結的僵直反應，主動去脫逃，從而釋放了能量**。她看見虛幻的老虎，進而喚醒本能，然後做出了反應。我根據南西的經歷，深刻理解一點，亦即讓人順利應對威脅的資源，可以用來治療創傷。這不僅在創傷事件發生之際能起作用，事件發生數年之後也可以奏效。

我發現治療創傷時，不必挖掘舊時記憶，重新體驗以往的痛苦。其實，傷痛有時會給人帶來二次創傷。若要想擺脫創傷症狀和恐懼，必須喚醒身體深處的生理資源，有意識地利用它們。如果我們知道自己能夠積極主動改變自身本能反應方式，而非消極被動地回應，就不會繼續深陷痛苦，難以自拔了。

鮑伯．巴克萊設法讓自己和其他孩子從地下洞穴逃出來，因此受到最少的心理創傷。他消耗了體內聚集的能量，所以受到較小的心理創傷。他不但當了英雄，還順利釋放能量和化解恐懼，不讓神經系統承受過重的負荷，數年之後便不會出現創傷後遺症。

南西在遭受了二十年的折磨之後，也像鮑伯一樣成為了英雄。她對幻想的老虎做出反應之際，雙腿做出奔跑動作，也將能量和恐懼釋放了出去。這種反應讓她的神經系統釋放了多餘能量，而這些能量是她在面對扁桃腺切除手術時調動起來的。南西在多年以後，才順利喚醒內在能力，此舉如同鮑伯．巴克萊的行為。這些舉動給鮑伯和南西帶來的長期影響非常相似，他們能夠擺脫折磨人的後遺症（不少受創者飽受這種磨難），所以能夠過正常的生活。我愈深入研究，愈是瞭解到，如果治療過程更和緩、更循序漸進，治療效果會更好。我發現最重要的一點是，誰都具備天生治癒創傷的能力。

假使我們無法走出創傷和沒有完成整個本能反應的過程，那些被中斷了的行動往往會危害到我們。創傷若沒有痊癒，我們便會小心翼翼和畏怯，或者讓我們掉入舊事重演、反覆受害、輕率涉險的惡性循環之中，如此一來，我們就會淪為長期的受害者，必須不斷接受治療。創傷會摧毀我們的人際關係，並且扭曲性經驗。強迫性的性行為、性行為反常、濫交淫亂或性受到壓抑，這些都是創傷（不僅是性創傷）的常見症狀。創傷的影響有時是非常廣泛且全面，但偶爾卻是微妙而隱密。我們一旦化解不了創傷，便會感覺自己是個失敗者，或者覺得我們求助的人沒有幫上忙。我們不必責怪自己或他人，要想真正解決創傷的問題，必須加深認識創傷，瞭解該如何去治癒它。

除非我們了解創傷症狀不但牽涉心理，還與生理息息相關，否則就會對創傷束手無策。若想治療創傷，關鍵在於要能體認到，出現創傷就表示動物本能出現了偏差。如果能有意識地善加利用這些本能，便能化解創傷症狀，迎向健康的人生。

第三章

可以癒合的傷口

行動必須完成。無論起點在何處，終點總是美好的。
行動之所以糟糕，乃是因為它有始卻無終。

——法國劇作家尚·惹內（Jean Genet），
《竊賊日記》（*Thieves Journal*）

小樹受傷後會沿著傷口周圍增生組織，而隨著樹木繼續生長，傷口與樹身相比就會顯得很小。從粗糙的樹瘤和扭曲的樹幹，便可看出樹在生長過程中所受過的傷和遇到過的阻礙。樹木會繞過傷害和阻礙繼續生長，方能呈現獨特美感和特質。我當然不是說人應該要遭受創傷，以此塑造個人特質，而是認為創傷既然無法避免，或許我們可以樹為借鏡。

數千年來，人類飽受心理創傷，直到最近十年，專業人士和民眾才廣泛關注創傷。隨著八卦小報每週刊登明星受創的真實告白，讓創傷一詞變得家喻戶曉，而這些創傷的內容通常都與性暴力有關。專業人士對創傷愈來愈關注，媒體也大肆渲染，煽情炒作，但關於創傷治癒的實證卻十分罕見。

根據數據統計，三分之一的女性和五分之一的男性曾在孩童時期受過性暴力。雖然我們愈來愈了解性暴力，但如何治癒它造成的心理創傷，仍然所知甚少。例如，許多心理受創者會以受害者的身分聚集在一起，相互取暖、舔拭傷口。對於治癒創傷而言，這是第一步，但如果就這樣無止盡的反覆持續，創傷便不容易痊癒。創傷形式有千百種，性暴力只是其中一種。無論受創原因為何，我們都能構建積極的架構或體系，讓人擺脫創傷後遺症。與其否認自身經歷，或者認定自己為受害者和倖存者，不如向成年樹木看齊，它們生長時雖然受創，卻仍獨具特色且綻放美麗。

創傷的根源在於人類的本能生理機制之中，因此，唯有透過身體和心靈，才能找到治癒創傷的方法。每個人都必須找出創傷的根源，同時知道自己有所選擇，說不定這是人生中最重要的選擇。治療創傷是一種自然過程，可以喚醒內在意識去感受身體，從而實現目標。無需接受數年的心理治療，也不必重複喚起舊時記憶，然後將它從潛意識中抹去。我們將會明白，不斷探尋和追溯所謂的「創傷記憶」（traumatic memories），往往會阻礙我們與生俱來的治癒智慧。

我觀察過數十位心理受創者，得出了一項結論，就是從根本上來講，創傷後症候群就是因恐懼而中斷的生理反應。除非能夠完成生理反應，否則人在危急時做出的反應將難以磨滅，最終會以症狀的形式殘留下來。創傷後壓力疾患就是一個例子。這些症狀不會消失，除非我們釋放能量並完成反應。僵直狀態中儲存的能量是可以轉換的，正如我們在鮑伯．巴克萊和南西的案例中所見（請參閱第二章）。這兩人調動了生物本能並釋放了殘餘能量，因此得以回到充滿活力的狀態。

有一隻小鳥誤將窗戶當成廣闊的天空，一頭撞了上去，看起來像是昏厥，或是已經死亡。如果有個小孩親眼見到小鳥撞上窗戶，可能會一直回想這隻受傷的動物。他也有可能會出於好奇、關心或想幫助小鳥，於是去拾起這隻鳥，孩子掌心的溫暖可能會讓小鳥恢復正常狀態。當小鳥開始顫抖，就表示牠正在重新適應周遭環境，也許會踉踉蹌蹌，努力保持平衡，然後不斷四下張望，如果這隻鳥沒有受傷，能夠不受打擾，走完顫抖和重新適應的過程，牠就能從僵直狀態恢復，重新飛上天際，不受任何的創傷。然而，萬一顫抖過程遭到打斷，後果就會很嚴重。假如小鳥剛恢復生命跡象時，那個孩子就去輕拍牠，小鳥重新適應環境的過程就會中斷，牠便會陷入休克。如果能量釋放過程頻遭打擾，每一次連續休克狀態就會持續更久。這隻小鳥最後就會驚嚇致死，亦即慘遭無助感壓垮。

人通常不會這樣就死掉，但我們若是無法釋放凍結反應鎖在體內的能量，就會飽受痛苦。受創的老兵、強暴受害者、被人虐待的孩子、前面提到的黑斑羚和小鳥，都曾遭遇難以承受的處境。如果這些人或動物不能做出反應，無法選擇戰鬥或逃跑，身體就會凍結或癱軟。只要事後能夠將能量釋放出去，就會重新恢復正常的生活。動物出於本能，自然能走出凍結反應，但人不同於動物，情況往往每況愈下，身體會出現愈來愈受創的症狀，整個人變得益發消沉。為了擺脫心理創傷，我們需要安靜、安全和保護，類似於上文中那個孩子伸出手掌替小鳥提供的溫暖。我們不但要沉浸於大自然，還需要親戚朋友的支持。有了外界的支持和聯繫，我們便能開始信任並尊重那個能讓我們完滿並感到平靜的自然過程。

奧利弗．薩克斯（Oliver Sacks）出版過《覺醒》（*Awakenings*）、《錯把太太當帽子的人》（*The Man Who Mistook His Wife for a Hat*）和《偏頭痛》（*Migraine*）等書。他在《偏頭痛》一書中描述幾位病人恐慌症發作的過程，令人怵目驚心。偏頭痛是一種神經系統應激反應（stress reaction），類似於創傷後（凍結）反應，而且兩者之間經常有所關聯。薩克斯生動描述了某位數學家的偏頭痛症狀。這位數學家每週都會經歷偏頭痛的週期循環，他每到週三會緊張易怒，到了週四或週五時，就會飽受壓力而無法工作。到了週六，他就會心煩意亂，到了週日，偏頭痛就會全面爆發，然而，到了週日下午，頭疼症狀會逐漸消退，然後完全消失。當偏頭痛逐漸消失時，他會重獲新生，滿懷希望。週一和週二時，他覺得精神煥發，心情平靜，創造力十足，然後維持這種狀態，高效工作直至週三。一到週三，他又會易怒，整個循環又會重新啟動。

薩克斯用藥物緩解了這位數學家的偏頭痛，卻發現這樣也扼殺了他的創造力。薩克斯哀嘆：「我雖然『治好了』他的偏頭痛，卻也『終結了』他的數學才思……病症雖然消失，創造力也沒了。」薩克斯指出，偏頭痛的病人在頭疼發作之後可能會微微出汗，並排出幾品脫（pint）的尿液，他將其稱為「生理宣洩」（a physiological catharsis）。然而，這位病人服藥之後，並沒有出現這種情況。同樣地，創傷痊癒時，病患也會出些溫熱的汗珠，當身體擺脫焦慮的濕冷狀態，情緒會逐漸熱烈，濕潤的熱浪不時湧動，人這個生物體天生具備的自癒能力就會融化因創傷而凍結於身體深處的冰山。如果我們能讓自己經歷顫抖這類出於創傷症狀的感官感受，焦慮和絕望便也可能成為創造力的泉源。

被困在創傷症狀裡頭的，正是創傷症候群轉變時必需用到的能量、潛能和資源。這種創造性的痊癒過程可能會遇到各種阻礙，比如用藥物去抑制症狀、過於強調調整或控制症狀，以及否認感受和感知。

創傷不是疾病，而是身體失調

美國著名心理學家丹尼爾．高爾曼（Daniel Golman）是頂尖的科普作家，曾在一九九二年於《紐約時報》發表了一篇文章，名為〈無法癒合的傷口〉（Wounds That Can Not Heal）。他講述一種廣為流傳的醫學觀點，亦即創傷是一種疾病且不可逆轉。高爾曼希望能找到靈丹妙藥（例如百憂解〔Prozac〕）來治癒這種「腦部疾病」。他引述耶魯大學的精神病學家丹尼斯．查尼（Dennis Charney）醫生的話：

> 無論是戰鬥時永無休止的恐懼、被困在颶風中或是遭逢車禍，所有不可控制的壓力都會對人產生同樣的生物影響……，從生物學上來看，遭受重大創傷的人也許從此都難以恢復原來的樣子（我以不同字型特別強調字句）。

創傷會激起我們的生物本能反應，這種反應需要一直保持流動性和不斷改變，不能僵化受限。欠缺調適的反應不一定是「疾病」，可能是一種「失調」，亦即一種不適，可能很輕微，也可能很痛苦。在調適不當中，仍有可能存在某種流動性，必須設法運用，使其重回自在和正常的運轉狀態。如果這些被囚禁的能量無法流動，而創傷又持續甚久，就可能要花很長時間和精力，才能讓受創者回到平衡和健康的狀態。

高爾曼在那篇《紐約時報》的文章中還引用了另一位研究者內梅羅夫醫生（Dr. Nemeroff）的話：

假如你在商場停車場上發動汽車時，車子突然回火（backfire）[1]，一股類似於初始創傷的感覺就會襲上你的心頭，你會開始冒汗、感到恐懼，還會發抖……

這位研究者認為下一步驟就是「研發對抗這種（發抖）反應的藥物」。心理受創者服了藥，就可能幫我們爭取時間，讓他們穩定下來。然而，如果長期用藥物去抑制身體應對壓力的平衡反應，療癒創傷的過程就會受到阻礙。生物體要完成生物和有意義的行為過程，必須立即打顫和發抖，我們常在動物身上看到這種情況。《國家地理》雜誌曾在一九八二年發表名為〈北極熊警報〉（Polar Bear Alert）的影片，我們可從中清楚看到這種現象。一隻北極熊與人類緊張追逐之後，被射了一支麻醉針，當牠逐漸從麻醉狀態甦醒時，牠先經歷一段很久的打顫過程，然後才恢復正常狀態。如果把創傷當成疾病來治療，所用的藥物往往會壓抑這種自然且具有創造性的過程，如同薩克斯醫生治療偏頭痛病患時觀察到的情況。無論這種修復反應是受到藥物抑制，或者被囚禁在凍結恐懼之中，甚至是被意志力壓制住，生物體與生俱來的自我調節能力都會偏離常軌。

人們普遍認為創傷無法治療，但其實並非如此。創傷不僅可以治療，通常也不必經過長期療程，也無需讓患者重啟痛苦的記憶，更不用讓他們長期服藥。我們必須明白，不必也不可能改變已經發生的事情，我們應該要了解到，存在已久的創傷症狀只是能量困住後所展現的形式，但每個時刻都是嶄新、有創造力的，我們只要學會關注當下，過去的事情就不復重要。我們只要治癒當下的症狀，然後繼續向前邁進，一個治癒的機會會向外擴散，並像漣漪般擴散開來。

譯注1：震耳欲聾的砰砰聲，好比像放鞭炮一樣，這是排氣管回火的聲音。

預防創傷比治癒創傷簡單得多。有了本書提供的資訊和工具，我們便可避免創傷可能造成的影響，讓人們日後再遇到威脅的局面時，可以提高適應和恢復能力。書中提供的工具和概念甚至有助於將長期創傷導致的症狀，轉變為讓人積極向上的經歷。這些技巧可用來幫助飽受威脅的孩子、配偶或朋友，從而建立正面的支援網絡。當然，有些人可能受創非常嚴重，不僅需要尋求專業人士的幫助，還得服用藥物，才能恢復健康。尋求幫助並非見不得人的事，你可以跟治療師或醫生推薦本書，讓他們能更妥善為你治療創傷。

第四章

奇特的新大陸

我們不必終生受創傷所苦

心理受創者會出現各種症狀，某些症狀令人感到恐懼和離奇，其中包括：瞬間重歷其境（flashback）、焦慮、恐慌症發作、失眠、憂鬱、身心症／身心失調、自我封閉、無故大發脾氣，以及反覆出現破壞性行為。健康的人也會礙於短期內發生的事情而「精神失常」。只要一提起創傷，就會讓人想起退伍軍人或童年受過嚴重虐待的人。

創傷司空見慣，很多人甚至都不知道有這種事。誰都有心理創傷，每個人都有創傷經歷，只是有人留下了明顯的創傷後壓力症候群。創傷症狀可能會在觸發事件過去之後數年才顯現，因此某些受創者可能還沒表現出症狀。

創傷的原因和症狀有千百種，如今人們認為，創傷屢見不鮮，看似無害的事情都可能讓人心理受創。幸好我們不必終生受創傷所苦，創傷可以治癒，甚至可以輕易避免。只要我們願意接受自然的生物本能引導，即使最古怪的創傷症狀也能化解。要做到這一點，就需要學會以全新方式去理解和感受自己。對許多人來說，這就如同進入一塊奇特的新大陸。

奇特的新大陸

我將帶領各位進入黑暗的史前世界，此處以往只是爬蟲類的天下。這個史前世界仍然活躍於我們的身體內，蘊藏最寶貴的個人資源。多數人被教導去忽略這種天生的資源，改去依賴科技提供我們的「優勢」。我們受到洗腦，接受了這種觀念，殊不知，我們卻放棄本身很重要的組成部分，而且也許我們根本不知道自己已經做了這種選擇。

當人類還在山頂和河谷採集塊根漿果、獵捕野生動物以及穴居在山洞時，人與大自然是緊密相連的。當時，每一天、每一分和每一秒，人類都得隨時處於警戒狀態，以便保護自己、家人和夥伴。人要冒著生命危險，才能免受掠食者侵襲和化解其他的危險。諷刺的是，史前人類不時遭遇的威脅生命事件，恰好又形塑了現代人的神經系統，讓我們一旦察覺生命受到威脅時，得以做出更有力和更全面的反應。時至今日，我們展現這種天生能力時，依舊會精神振奮、強勁有力和蓄勢待發，準備接受任何挑戰。人一旦受到威脅，便會喚醒體內最深處的資源，發揮全部的潛能，如此一來，我們的情緒和健康也會有所改善和提升。

現代人幾乎沒有機會去運用這種超強的進化能力。我們如今愈來愈依賴思考能力，而非肢體的反應能力。因此，多數人都與天生的本能自我脫離，尤其要與體內原本可以自豪地（而非鄙視地）稱為動物性的那一面保持距離。無論我們如何看待自己，只要去追根究柢，我們其實都是人科動物。我們現今面對的基本挑戰來得比較快，但我們的神經系統的改變卻慢得多，因此人心理受創時，若跟天生自我的關係比較密切，往往能夠應對得較好，而這絕非偶然。因為人不能輕易汲取蘊藏在原始本能自我中的資源，身體與靈魂就逐漸疏遠了。人通常不認為自己是動物，也不會有自己是動物的感覺，然而，我們一旦不依靠本能和自然反應生活，我們就不算是完整的人。這種既非動物、又非全人的狀態只會給我們帶來問題，其中之一就是容易受創。

為了保持健康狀態，我們的神經系統和心靈需要面對各種挑戰以及順利接受挑戰。如果這種需求得不到滿足，或者我們接受挑戰卻失敗了，我們就會缺乏活力，無法過圓滿的生活。人若是被戰爭、虐待、事故和其他創傷性事件打敗，將會承受更為嚴重的後果。

創傷

大家都知道創傷造成的問題很嚴重，但很難理解怎麼會有這麼多人有心理創傷。最近一項針對一千多名男女進行的研究指出，百分之四十的人在過去三年都曾經歷創傷性事件，最常見的是被強暴或遭受攻擊、發生嚴重的車禍，以及目睹他人被殺或受傷。美國高達百分之三十的流浪漢都是越戰老兵，這些人飽受創傷後壓力疾患所苦。童年經歷過性侵或遭受虐待的美國人大約介於七千五百萬和一億人之間。保守的美國醫學會（American Medical Association，簡稱AMA）估計，超過百分之三十的已婚女性和百分之三十的孕婦都曾遭配偶毒打。平均每九秒就有一位女性被丈夫或愛人暴打（孕婦遭受暴力時，腹中的胎兒也會受到心理創傷）。

戰爭和暴力無所不在，無論男女老幼，幾乎人人都曾受到影響。回顧過去數年，天災不斷，各地社區飽受摧殘，譬如：颶風雨果（Hugo）、颶風安德魯（Andrew）和颶風伊尼基（Iniki）；美國中西部和加州洪水氾濫；奧克蘭森林大火；洛馬普里塔（Loma Prieta）、洛杉磯、墨西哥城、開羅和阪神大地震。各種自然災害林林總總，不勝枚舉，受害者都可能或已經心理受創。

另有許多人遭受不為人知的創傷症狀所苦。譬如，百分之十到十五的成年人都曾恐慌發作、莫名焦慮或出現恐懼症。在就醫的病患裡面，百分之七十五的人被認為有身心障礙，因為找不到確切的病因去解釋他們的症狀。我鑽研創傷這項領域，認為不少人其實有心理受創史，所以才會出現症狀。憂鬱和焦慮經常伴隨心理受創史，其他心理疾患也不例外。貝塞爾・范德寇（Bessel van der Kolk）是創傷領域德高望重的研究者，他進行過一項研究，該研究指出某家大型精神病院的病人時常出現創傷的症狀。這些症狀當時通常都遭到忽視，因為沒人知道它們非常重要。

性暴力、肢體暴力和情緒虐待都會深刻改變受害者的一生，而受到暴力或危險威脅也會造成這種後果。許多人都知道上述的事實，但卻不知道很多看似無害的事件也可能讓人心理受創。創傷的後果時而廣泛但隱祕，我在職業生涯中發現，創傷症狀可謂五花八門，有行為和心理問題以及欠缺活力等等，這些症狀的誘因不僅包含前面提到的創傷性事件，也牽扯到極為普通的事件。

尋常事件偶爾也會造成創傷後效，這些後遺症跟退伍軍人或童年受過虐待者承受的後遺症一樣，會讓當事者飽受痛苦。創傷後遺症並不一定會在致創事件發生後立刻顯現，有時會暗藏起來，潛沉數年、甚至數十年，然後到了某個受壓時期或在另一件事的激發下，冷不防便爆發出來，此時或許看不出後遺症與初始的致創事件有任何關聯。因此，某件事看似微小，卻可能讓人突然崩潰，這與某件小事卻引爆大災難的情況非常雷同。

我們的無知有時會傷害我們

說到創傷，我們的無知偶爾會傷害我們。不知道自己受創，並不會讓你避開創傷所帶來的問題。然而，創傷伴隨各種錯誤訊息和謬見，無怪乎人們會矢口否認自己有心理受創。

單單面對創傷症狀，不用處理我們不知道自己為何會出現心理創傷以及創傷何時會消失的焦慮，這就已經夠難了。你會突然焦慮，原因有很多，其一是你的配偶、朋友和親戚都認為你該擺脫過去陰影，繼續往前邁進，此時你就會深切感到痛苦。他們希望你表現得正常一點，因為他們認為你應該學會如何與自己的症狀共處。此外，有人還會向你提出不恰當的建議，說你得一輩子服藥或接受治療才能減輕你的症狀。你一聽到這種建議，可能會感到無助、了無生趣或感到絕望。而你一想到要跟別人談論你的症狀時，可能會有疏離和恐懼感，因為你知道自己的症狀匪夷所思，別人肯定不曾經歷類似的情況，你還會懷疑，假使你真的告訴別人，是否有人會相信你，你或許還會覺得，自己是不是瘋了。再者，你一次次接受測試、診療和轉診，最後還接受探查手術（exploratory surgery）來確定你那神祕病痛的緣由，醫療帳單便會堆積如山，額外給你帶來壓力。醫生找不出是什麼原因造成你的症狀，只好認為你有疑病症（hypochondriac），你迫於無奈，最終不得不接受這種診斷結果。

診斷創傷症狀時，如果匆忙得出錯誤的結論，偶爾也會帶來嚴重的後果。假使某人在童年時期並未受過虐待，一旦誤判他們的症狀，就會讓他們誤以為自己的確在孩童時期受過性暴力、身體傷害或經常被虐待，這樣便會造成不良的後果。我並不是說沒有童年受虐的事件，在社會的各個角落裡，每天都有許多兒童在不知情的狀況下遭人虐待。

許多人直到成年之後，才發現自己曾受過虐待。然而，如同後面章節所述，創傷也會炮製令人恐懼的古怪「記憶」，這些往事彷彿如真，卻從未發生過。

關於創傷、創傷治療和受創者的復原前景，謬誤之多，令人怵目驚心。許多鑽研創傷的專業人士也不甚瞭解這些錯誤資訊。因此，這些錯誤資訊難免會給人帶來焦慮和更多的痛苦。

受創者面對的現實

我們描述某些經歷時，都會有說不清楚的時候。我們此時會聳聳肩，說道：「你要是在場的話，就能明白我的意思。」創傷就是這種經歷。受創者經歷的極度痛苦，根本無法用言語來準確描述。這種痛苦之深，難以用語言來表達。許多受創者認為自己活在地獄，別人根本不可能瞭解其中況味。這種看法並不全對，但或多或少還是正確的。以下約略描述嚴重心理受創者所受的痛苦：

我不知道自己不怕什麼。我害怕早晨起床，我害怕走出屋子。我非常怕死……不是怕自己哪天會死，而是怕自己幾分鐘以內就會死掉。我害怕自己或別人發怒，哪怕它根本就不存在。我害怕被拒絕和／或被拋棄。我害怕成功，也害怕失敗。我每天都會胸痛，手腳都會刺痛和痲痺。我幾乎每天都會肚子疼，有時是類似月經來時的抽痛，有時則是強烈的刺痛。我幾乎隨時都會感到疼痛，感覺自己快死了。而且我還會頭疼。我隨時都精神緊繃。我吸不到空氣，心跳很快，暈頭轉向，還會恐慌。我常常覺得很冷，口乾舌燥。我很難吞嚥東西。整個人很懶散，沒有幹勁。做完事情以後卻沒有滿足感。我每天都不知所措，感到失落、無助和絕望。我會克制不住大發脾氣，或者心情非常低落。

繼續你的日常生活

如果感到痛苦，就把它藏起來。

——美國創作歌手麥可．馬丁．墨菲（Michael Martin Murphy），〈牛仔邏輯〉（Cowboy Logic）

牽涉創傷的症狀和情緒有時非常極端，多數人（以及我們的親近之人）都會退縮躲避，並試圖壓制這些強烈的反應。不幸的是，這兩種做法偶爾會讓我們無法痊癒。美國文化一直無法容忍受創者表現出脆弱的模樣，發生讓人情緒大起大落的事情時，我們幾乎不會留一點時間去好好消化和面對。不可抗拒的事件發生過後，我們總是被逼著要迅速調整自己。

在美國文化中，否定的姿態十分常見，這種話語早已成了陳腔濫調。想想看，你有多常聽到下面的說法：「振作起來，事情已經過去了。你要忘掉它。笑一個，忍住傷痛。你該繼續過生活了。」

誰會受到創傷？

人在面臨危險和威脅時能否適當做出反應，取決於各種不同的因素：

1. **事件本身**。事件有多大的威脅？它持續多久？發生頻率有多高？強烈的持續威脅性事件會給人最大的衝擊，反覆（但有間歇）的嚴重威脅性事件也會帶給人很大的衝擊。戰爭和童年遭受虐待是兩種最常見的創傷性事件，受害者往往無法調動足夠的生存資源來應對。

2. **致創事件發生時個體的生活環境**。家人和朋友的支持（或缺乏支持）會對我們產生極大的影響。此外，身體不健康、持續的壓力，疲倦或營養不良也會對我們造成重大的影響。

3. **個體的身體特徵**。有些人天生（基因決定）就比較能夠承受壓力。力量、速度和整體的身體素質偶爾也很重要，更重要的是人的年齡或生理發展和恢復力水準。嬰兒若被獨自留在冰冷的房間，絕對會驚恐不已，對於牙牙學步的幼童而言，這會讓他感到恐懼，對於十歲的兒童來說，他會感到焦慮，而對於青少年或成年人來說，這頂多只會稍微感到不適而已。

4. **個人的習得技能**。嬰兒和孩子（或者任何缺乏應對威脅局面經驗或技能的人）更容易心理受創。在上述例子中，青少年或者成年人不僅更能忍受寒冷和孤獨，而且他們可以抱怨、尋找溫度調節器、離開冰冷的房間、穿上毛衣，甚至摩擦手臂取暖。幼童或嬰兒則欠缺這種能力或選擇權。正因為如此，受創反應通常可追溯到童年的初期。重要的是，我們不要忘記無論誘發創傷的事件在他人看來如何，創傷反應都是合理的。

5. **個體對自己應對危險的能力所做出的判斷**。有些人認為自己完全可以在面對危險時保護自己，有些人則不這麼認為。有這種自信是非常重要的，而且它並不完全由我們面臨威脅時可利用的資源來決定。這些資源既是外部的、也是內部的。

6. **外部資源**。周遭環境中可給我們帶來安全的東西（譬如，一棵粗壯的樹木、石頭、狹窄的裂縫、一處絕佳的藏身地、一件武器、樂於助人的朋友）會讓我們感到有所依靠，但前提是我們已經發展到能夠利用這些資源。對孩子來說，外部資源可能是尊重他而非虐待他的成年人，也可以是讓他感到安全、不會受虐的地方；資源形式有千百種（對小孩來說，尤其如此），譬如一隻動物、一棵樹木、一個填充玩具，甚至是一位天使。

7. **內部資源**。一個人對自我的感覺會受到各種複雜資源所影響。這些資源包括內心態度和經驗，但更重要的是本能反應，亦即天生的行動計畫，這些是深植於生物體內。包括人類在內的萬獸都會運用這些本能反應去提高生存機率。它們就像內建程式，支配我們所有的基本生物反應（比如吃飯、休息、繁衍和防衛）。人只要健康，一旦察覺到危險，神經系統便會激發這些天生的防禦計畫。舉例來說，你的手臂會突然抬起來，讓你不受到突然朝你飛過來的球所擊傷，或者當你走近低矮樹枝的那一瞬間，你會彎下身軀。天生的行動計畫還包括戰鬥和逃跑反應。舉一個更為複雜的例子。有位女士告訴我下面的故事：

她某天步行回家，周圍一片黑暗，她突然看見有兩個男人從對街向她走來。他們的舉止有點不對勁，這位女士立刻警覺起來。這兩個男人向她靠近之際分開行動，一人穿過街道，逕直向她走去，另一人則繞到她身後，想迂迴包抄。這位女士先前的疑慮已經得到證實，她深陷危險的境地。女士的心跳加速，整個人突然更加警惕，她的大腦急速轉動，思考該如何逃脫。她要尖叫嗎？她要逃跑嗎？應該往哪邊跑？應該喊什麼？各種念頭在她腦海閃過。選項太多了，根本來不及逐一考慮。就在混亂之際，她的本能占了上風。她沒有想清楚到底該怎麼做，卻突然堅定邁出步伐，快速朝著從對街迎來的那個傢伙走去。那個人看到她這麼大膽，竟然被嚇到了，於是突然轉向。前面的這個人失去戰略先機以後，她身後的那個人也閃進了黑暗中。他們被這位女士的舉動搞糊塗了。她安全了。

這位女士相信自己的直覺，所以沒有心理受創。雖然她一開始不知道該怎麼辦，卻聽從了天生的防禦行動計畫，於是順利脫離險境。

伊莉莎白・湯瑪斯（Elizabeth Thomas）寫過一本妙趣橫生的書，名為《狗兒密聞》（*The Hidden Life of Dogs*）。這本書講述了一則類似的故事，有一隻名叫米莎（Misha）的西伯利亞哈士奇，牠當時只有兩歲。有一天晚上，米莎出去散步，但和一隻體型巨大且性格兇猛的聖伯納犬狹路相逢，牠被困在了這條大狗和高速公路之間。「米莎的處境起初非常不妙，但牠輕鬆化解了危機。只見米莎高高昂起頭，尾巴輕鬆豎起，好像一面自信滿滿的旗幟，牠突然一路小跑，蹦蹦跳跳，朝著那隻聖伯納犬跑過去。」無論是先前走在暗街的那位女士或小狗米莎，這兩者都根據天生的行動計畫來順利化解了危機。

8. **成功或失敗史**。我們能否運用天生的行動計畫，端賴我們以往在類似情況下究竟是成功或失敗。

創傷的原因

我在職業生涯觀察到各種致創事件和創傷反應，千奇百怪，令人驚訝。有些事件（好比孩童時期所做的手術）看似完全無害，卻在當事者的記憶中是重大的事件。有位患者對我講述他四歲時對他影響很大的一段經歷：

戴面具的巨人把我綁在一張很高的白色桌子上，我奮力反抗。當時燈光冰冷且刺眼，我看到有個人戴著黑色面具向我走來。他的面具發出一股臭味，讓我感到窒息。當他把臉貼到我臉上的時候，我拼命掙扎。我使勁尖叫並別過臉去，眼前出現一種可怕的幻覺，我看到了一條黑色隧道，光芒刺眼，令人目眩。當我甦醒時，我躺在一間灰綠色的房間，整個人癱軟。我除了喉嚨很痛，身體似乎沒有任何毛病，但事實並非如此。

我當時有種徹底被人拋棄和背叛的感覺。他們只跟我說會買我最喜歡的冰淇淋給我，還說我爸媽會一直在我身邊陪我。我在手術之後，感覺這個世界不再安全和可理解，我在以前的那個世界裡才有反應能力。一股無助的羞愧感吞噬了我，讓我覺得自己很壞（他的理性大腦告訴他，他一定很壞，才會遭受這種懲罰）。我在這件事情之後的數年裡，一直害怕上床睡覺，就算睡著了，偶爾還會半夜驚醒。我覺得呼吸困難，但因為太害怕和羞愧，根本不敢哭出聲來，所以我就一個人躺著，害怕自己會窒息而死。

到了我六、七歲的時候，我因為家庭和學校的壓力，症狀更加惡化。我被送去看精神科醫生。這位醫生關注的是我為何睡覺時必須抱著一隻毛茸茸、髒兮兮的白色填充玩具狗才能入眠，她根本不知道我焦慮和過於內向的原因。她的治療方法是進一步恐嚇我，跟我說如果我依賴這隻玩具狗，我長大之後就會遇到很多問題。我得說她的治療方法確實讓我不再依賴這隻玩具狗（我把它扔了）。然而，我的症狀並沒有消失，而且逐漸會因為焦慮而爆發症狀，我經常頭疼，還有其他「身心」失調問題，從我初中到讀研究所，這些問題一直存在。

許多事件都會在人成年之後才會造成創傷性反應，而這一切取決於當事人以前對事件的感受。常見的一些先行性致創事件包括：

- 胎兒期創傷（還在子宮內時）
- 分娩創傷
- 失怙失恃或失去親密的家人
- 疾病、高燒和意外中毒
- 人身傷害，包括跌倒和發生事故
- 性暴力、肢體暴力和情緒虐待，其中包括被遺棄或遭人毒打
- 親眼目睹暴力行徑
- 天災，譬如：地震、火災和洪患
- 某些醫療或牙科手術
- 外科手術，尤其是乙醚麻醉下實施的扁桃腺切除手術；耳科手術，以及所謂的「弱視」手術
- 麻醉

• 長期行動不便或臥床；幼童礙於各種原因，腿部或身體必須打上石膏（扭到腳或脊柱側彎）

住院和手術經常會使人心理受創，許多人對此感到吃驚。長期行動不便或臥床、住院治療，特別是外科手術，這些造成的創傷後遺症往往持續更久，情況也更嚴重。雖然人可能知道手術是必要的，而且病患被醫生拿手術刀切開身體、肌肉和骨頭時通常都是處於昏迷狀態，但身體仍會將其視為危及生命的事件。在「細胞層面」上，身體會認為自身遭受嚴重傷害，足以危及生命。我們在理智上也許會相信手術，但我們的身體基於原始本能並不信任手術。就創傷而言，透過本能的神經系統所獲得的認知會起更大的作用，而且大得多。外科手術之所以會造成創傷後反應，主要是基於上述的生物運作事實。

一九九三年七月，《讀者文摘》（*Reader's Digest*）刊登了一篇標題為〈諸事不順〉（Everything is not Okay）的文章。這是一則很「普通」的故事，有位父親講述兒子羅比（Robbie）接受的一個「小型」膝蓋手術：

醫生告訴我說一切都好。我兒子的膝蓋沒事，但其他一切可都不好，因為羅比從麻醉劑引起的惡夢中醒來，在病床翻來覆去。他原本是個可愛的孩子，從未傷害過別人。當他從麻醉狀態中醒來，便用野獸般的眼睛死盯著護士，拼命拍打她，尖叫著：「我還活著嗎？」羅比還叫我去掐他的手臂……他盯著我的眼睛，認不出我是誰。

這個男孩被帶回了家，但他仍然恐懼不已。他夜晚斷斷續續醒來……「他一直想吐，而我（孩子的父親）則拼命想為他做點什麼。所以我就像美國郊區其他父親那樣，給孩子買玩具，讓自己感覺好一點。」

數以百萬計的父母感到絕望無助，因為他們理解不了孩子遭受一系列創傷性事件後發生的巨大（或微妙）變化。本書第四部分將討論如何避免成年人和孩童出現這些反應。

第五章 治療與社區

所有生命其實都相互關聯。所有人必然落入相互關聯的網絡之中，彼此成為命運共同體。一人直接受到影響，全體都會間接受到影響。我永遠無法實現自己，除非你們都實現了自己；你們也不可能實現自己，除非我也實現了自己。大家彼此相聯，事實就是如此。

——馬丁．路德．金恩（Martin Luther King）

薩滿的治癒之道

綜觀記錄和口述歷史，個體和社區遭受擾亂之後，協助其恢復平衡和健康一直是薩滿祭師或部落巫醫的職責。西醫界花費許久的時間才體認到創傷會造成可怕的影響，但薩滿文化則完全不同，長久以來便對人的創傷有所認識。薩滿文化將疾病和創傷視為整體社會的問題，而非僅是受創個體的問題。因此，在這些社會之中，人會尋求治療創傷，不但是為了自己的健康著想，也是為了追求全體的福祉。

這種做法對扭轉當今社會對創傷的看法有其特殊的意義。我認可薩滿祭師的方法，卻不表示我們必須借鏡他們來治療創傷，但研究他們的療癒之道，卻可以讓我們有所啟發。

從古至今，巫醫採用的方法眾多且複雜，然而，儘管儀式不同，方法各異，古代巫醫對創傷的理解是雷同的。人遭受打擊之後，「靈魂」可能會與身體分離，根據羅馬尼亞宗教史學家米爾恰．伊利亞德（Mircea Eliade，鑽研薩滿醫術的重量級學者）的說法[1]，迄今為止，薩滿治療師認為「奪走靈魂」是最普遍且傷害最大的致病原因。人若是缺了部分靈魂，便會處於渾渾噩噩的狀態。從薩滿教的觀點來看，人之所以生病，乃是被囚禁於「精神監獄」。

自古文明時期起，許多文化的巫醫都能創造各種情況，鼓勵「迷失的靈魂」回到患者體內的原本位置。這些所謂的「原始」治療師會舉辦各種儀式，喚起病人體內固有的強大治療力量，與此同時，部落的人會敲鼓、吟唱、跳舞和神魂附體，從旁支持病患，幫助其療癒。治療通常會持續數天，也可能會採用草藥和其他藥理催化劑。治療儀式多變各異，但病患在治療過程（甚至即將結束之際）幾乎都一直在發抖和打顫，動物釋放被束縛的能量時，也是如出一轍，二十多年前，在我位於市區的診所裡，南西就有過類似的舉動。

雖然我們與這些原始民族不同，但是在現代社會中，受創的人經常用類似的語言來描述自身的經歷。童年被性侵過的人講述椎心刺痛的失落經驗時經常說道：「父親跟我

原注1：《薩滿教》（*Shamanism*），普林斯頓大學出版社（Princeton University Press），第二刷，一九七四年。

發生性關係時，偷走了我的靈魂。」人們講述自己接受手術的感受時，總會提到這種失落和疏離感，我曾聽許多女性說道：「我接受骨盆檢查時，好像身體和心靈都受到強暴。」病患接受全身麻醉的手術以後，往往長達數月或數年會有靈魂出竅的感覺。某些看似微不足道的事故，好比摔一跤，也會給人帶來類似感受，甚至會讓人深切感受到一種遺棄感。雖然我們無法用言語來描述這種感覺，但許多人都能感受心靈受到的傷害。美國男演員洛・史泰格（Rod Steiger）接受脫口秀主持人歐普拉・溫芙蕾（Oprah Winfrey）的深度採訪時指出，他接受外科手術後，長達數十年飽受憂鬱症之苦：「我慢慢走進一團濃霧之中，滑膩的黃色膠狀濃霧滲進我的身體……侵入我的心靈、精神和靈魂……它控制了我，讓我痛不欲生。」

在薩滿巫術中，人會生病，乃是靈魂走失、遭竊或離體，因此治療病患時要捕捉靈魂，或者「使它歸位，重回患者的身體」。根據伊利亞德的說法，唯有薩滿才能「看見」鬼魂並知道如何驅逐它們。「只有薩滿巫師能看見靈魂出竅，也只有他能抓住離體的靈魂，使它重回人的身體。」在伊利亞德描述的「拯救靈魂」活動中，薩滿巫醫都得進入精神領域，才能治療病患。他記述一位托勒特（Toleut）薩滿巫醫為一位生病的孩子招魂：「回到你的國土，回到你的族群……回到帳篷，帳篷就在明亮的篝火旁邊！……回到你的父親這裡……回到你的母親這裡……」

上面這首詩非常簡單，卻足以展現治癒創傷的一項關鍵要素——受創的人需要朋友、親戚、家人或部落成員的熱情關懷，以便哄勸靈魂回到他們的體內。這種治療活動經常被儀式化，並且要眾人集體參與。薩滿教認為，深厚的內在聯繫、支援和社會凝聚力對治療創傷至關重要。每個人都必須負起責任，治癒自己的創傷，我們必須做到這一點，為了我們自己，也為了我們的家人和我們的社會。由於我們需要人際間的聯繫，因此在康復過程中必須尋求團體的支持。

如今的醫師和心理健康工作者都不會提及招魂，但他們卻面臨類似的問題，也就是要讓受創而變得支離破碎的生物體重新恢復完整。薩滿教的創傷治療理念和治療方法是，讓病患站在部落群體前，找回迷失的靈魂，使其與病患身體合二為一。學過現代醫術的人會認為這種方法不倫不類，然而，這些治療程序似乎能夠彌補傳統西方醫學的不足之處。我的結論是，薩滿醫術的重要做法切實可行，就創傷治療而言，我們需要向這些傳統人士學習他們的醫術。一九九四年，洛杉磯發生大地震，那些全家一起住帳篷、吃飯和玩耍的家庭（通常來自第三世界國家），其恢復情況比很多中產階級家庭都要好。與那些和社區成員互相支持的人相比，比較孤立的居民（他們被迫一遍又一遍觀看災情報導，聽到地理專家接受採訪時指出「這是有史以來最大的地震」）更容易遭受創傷後遺症。

我有幾位來自洛杉磯的同事，他們說花園池塘中的錦鯉在地震前數小時曾緊緊聚在一起，地震發生以後，這些魚依舊圍攏在一起，長達數個小時。聖地牙哥野生動物園的動物行為顧問南希・哈維（Nancy Harvey）也告訴我一則類似的故事。我問她，在加州的森林大火中，當熊熊烈火延燒到羚羊棲息地旁邊之後，居住在那裡的動物有沒有出現類似創傷的症狀？南希說沒有，而且她發現了一種很奇怪的行為，飛羚和其他的羚羊群在遠離柵欄的地方聚集成群。直到火被撲滅之前，這些動物都一直待在一起。

我認為薩滿的做法切實可行，我很感激自己與不同文化的薩滿巫師一起工作和教學時學到了不少東西。然而，本節講述的「身體經驗創傷療法」並非根據薩滿巫術。我認為，其中一項重要的區別是，跟薩滿巫術相比，這種方法是認定每個人都擁有強大的自我治癒能力。我們有能力去尋回自己的靈魂。在親朋好友的幫助下，我們可以獲得強大的資源，踏上自己的心理創傷療癒之旅。

本章節包含一些練習，目的在於幫助你去治療自己或別人的創傷。受過良好訓練的專業人士當然可以在治療過程中為你提供指導，尤其創傷是發生在我們的童年，或者與虐待和背叛有所關聯。然而，即便沒有專業人士的幫助，你單獨、兩兩成對或集體進行這些練習時，也會對你產生重大的影響，但請記住，否認是一種強大的力量。**也要嚴正警告：做這些練習會激發創傷症狀。如果你無力應對或自覺難以擺脫，請尋求專業人士的幫助。**

在薩滿巫術中，巫醫會呼喚靈魂回歸身體，而在「身體經驗創傷療法」中，你會主動自我治療，重新整合自身失落或支離破碎的部分。為了完成治療，你需要有讓自己重新完整的強烈願望。這種願望會成為一種錨或根基，讓你的靈魂與身體得以重新建立聯繫。當你的創傷經歷中被「凍結」的部分（以創傷症狀顯現出來）逐漸釋放時，你會漸漸「解凍」，如此便能逐漸療癒。當你走出僵直反應的束縛以後，就有可能重獲自由，恢復身體機能。

承認自己需要接受治療

利用儀式和巫醫來治療心理創傷的文化或許看似很原始和迷信，但他們具備一項重要的優勢，也就是直搗問題的核心。一旦社區或部落中有人受到心理創傷，這些文化都會公開表示要加以治療，然而，包括美國在內的多數現代文化全都陷入「忍耐表示力量」的迷思：無論症狀多麼嚴重，要能隱忍才算英雄。多數人不加思考便接受這種觀念。我們借用大腦新皮質（亦即理性思考能力）可能造成下面的印象：人可以從極具威脅的事件（甚至戰爭）歷劫歸來且「毫髮無損」。許多人都是抱著如此信念，我們「咬緊牙關」，死命硬撐，假裝什麼事都沒發生，不過是想博得別人的尊敬。

這種社會觀念鼓吹民眾去當超人，對個人和社會都極不公平。如果我們裝作沒事，繼續去過生活，沒有聽從身體溫和敦促治療的訊息，讓它能夠引導我們擺脫可怕的經歷，就算咬牙硬撐，不過是營造出虛假的幻覺而已。此外，創傷後遺症會逐漸惡化，變得根深蒂固，演變成長期症狀。被凍結在我們神經系統的未完成反應就會如同未引爆的定時炸彈，隨時會在外力觸發下爆炸。除非能找到拆除這枚炸彈的合適之道，不然我們只能繼續忍受莫名其妙的心理崩潰。真正的英雄是有勇氣去公開接受自己的經驗，而非去壓抑或否認它們。

讓我們開始：召喚靈魂，使其重回身體

創傷最嚴重的後遺症就是身體和靈魂分離。人受創之後會感到麻木和身心分離，而喪失膚覺便是其中常見的症狀。若要恢復知覺，首先要做下面的覺醒練習，它在整個創傷療癒過程中是非常有用的。你需要先買一個蓮蓬頭，這筆錢該花，不要捨不得。

練習

每天大約花十分鐘，用以下的方式進行淋浴：將溫度設定在稍涼或微溫，淋浴全身。將意識全都集中在水沖到身體的部位。當你淋浴轉身時，將意識移動到相應的部位。先將手背放在蓮蓬頭下，然後是手掌和手腕；接下來是左右臉頰、肩膀、腋下。一定要將全身各個部位都輪換一遍：頭頂、額頭、脖子、胸部、背脊、小腿、骨盆、臀部、大腿、腳踝和腳。

注意每個部位的感覺，無論你是沒有感覺或感到麻木或痛苦。在這樣做的時候，要說「這是我的頭、脖子」等等，也要說：「歡迎你回來」。另一種類似的喚醒做法是輕輕拍打身體的每個部位。如果你經常這樣做，也能逐漸幫助身體找回膚覺。

人受創以後，身體、心靈和精神經常會彼此分離，這種簡單的練習會逐漸使靈魂回歸身體。上述的練習非常重要，這是修復身體、心靈和精神裂痕的第一步。

第六章

在創傷的映像下

我認為血肉之軀比大腦聰明。身體的潛意識正是生命湧動之處。我們透過潛意識，才知道自己活著，也才能觸探靈魂深處，觸及宇宙最生動的疆域。

——英國作家大衛．赫伯特．勞倫斯（D.H.Lawrence）

蛇髮女妖美杜莎

這一章將開始探討控制創傷的一種普遍方法。如果我們能將自身視為有感知的動物，就能逐漸擺脫創傷套在我們身上的枷鎖並轉換其蘊含的強大能量。然而，我們不能直接面對創傷，否則會深陷在它那令人恐懼的枷鎖。正如中國的手指陷阱玩具（finger trap）[1]，我們必須悄無聲息地潛入創傷，然後將自己慢慢從裡面拉出來。

在美杜莎的神話中，任何人只要直視美杜莎的眼睛，都會立即變成石頭。創傷亦是如此，如果我們試圖直接面對創傷，創傷就會持續做它已經做的事，亦即讓我們感到恐懼而無法動彈。在珀爾修斯（Perseus）出發去斬殺美杜莎之前，雅典娜（Athena）警告他不可直視這位戈耳工（Gorgon）[2]的眼睛。珀爾修斯銘記女神的話語，利用盾牌反射出美杜莎的影像，得以砍下美杜莎的頭顱。同理，若要克服創傷，不能與之直接面對，必須從我們的本能反應中反射出的創傷映像著手。

創傷懾人心魂，受創者會不由自主地著眼於它，不幸的是，如此一來，曾重創這些人的情境就會一而再、再而三地重創他們。所幸身體的感覺能力會指引我們，告訴我們何處遭受創傷，然後引導我們去找到本能資源。這些資源使我們有力量保護自己，免受掠食者和敵對力量的傷害。每個人都具備本能資源。只要學會如何運用它們，就能打造自己的盾牌，反射出創傷，然後治癒它。

無論在夢境、神話和傳說，馬經常被用來比擬人體及其本能天性。有趣的是，當美杜莎被砍頭的時候，她的身體冒出兩種東西：一是雙翼飛馬珀伽索斯（Pegasus），二是手持金劍的武士克律薩俄耳（Chrysaor），這種隱喻真是恰到好處。劍象徵著絕對真理，是神話英雄的終極防禦武器，它傳遞一種澄澈明淨之感、凱旋勝利之姿、面對艱鉅挑戰的勇氣，以及過人的機智靈敏。馬象徵本能的牢固根基，而翅膀則展現動感、飛騰和上升，給人超凡脫俗的感覺。由於馬象徵著本能和身體，而雙翅馬則透過具體化來代表轉變。飛馬和金劍合而為一之後，象徵遭受心理創傷者在征服自身美杜莎時找到的

譯注1：將受害者的手指（通常為食指）困在由竹子編織的小圓柱體兩端。受害者下意識會將手指往外拉，但這只會讓指銬收縮。

譯注2：三位蛇髮姐妹之一，尤指美杜莎。

資源。

我們治療時，一開始就要運用所謂的「體驗感知」，亦即身體感覺。我們可以透過這些感覺去找出創傷的症狀或創傷的映像。我們將注意力貫注在這些身體感覺，沒有直接面對創傷，所以可以解除被困住的能量，將其釋放出去。

體驗感知

我們的感覺與身體如同水溶入水，我們學會在身體感覺的能量中優游。

——塔湯祖古（Tarthang Tulku）

正如珀爾修斯利用盾牌去斬殺美杜莎，心理受創者或許能用感覺之盾，亦即「體驗感知」來控制創傷。體驗感知蘊含轉化創傷所需的澄澈明淨、本能力量和流動易變。

美國哲學家尤金・簡德林（Eugene Gendlin）在他的書《澄心聚焦》[3]（*Focusing*）

中首創 felt sense（體驗感知）一詞，而他認為：

體驗感知不是一種心理經驗，而是身體經驗。沒錯，就是身體經驗。它是身體對某種情境、某個人或某個事件的感知。它屬於一種內在氛圍，包括你在特定時間對既定主體的一切感知，這種內在感知會立即全部傳達給你，而不是逐一傳達。

體驗感知是很難用語言來定義的概念，因為語言屬於線性過程，但體驗感知並非是線性經驗。因此，如果用語言來描述這種經驗，將會喪失很多層面的意義。

我們將「生物體」定義為一種複雜的結構，裡頭包含相互依存和彼此從屬的元素，而元素的關係和特質大致取決於它們各自在整體的功能。因此，生物體的整體會大於所有個體的總和。體驗感知也類似於此，它會整合大量分散的資訊並賦予其意義。舉例而

原注3：《澄心聚焦》（Focusing）——矮腳雞圖書出版公司（Bantam Books），一九八一年。

言，當我們看到電視上的一幅美景時，我們看到的其實是各種數位化的圓點，這些圓點稱為像素（pixel），如果我們將注意力集中在個別元素（像素），我們只會看到圓點，而非美麗的圖像。同理，當你聆聽喜歡的曲子時，你不會注意每個音符，而是著眼於整體聽覺。聽覺經驗絕對比將各別音符相加要美妙得多。

體驗感知可謂一種媒介，我們透過這個媒介可體驗所有的感知。在治療心理創傷的過程中，我們會著眼於單一的感知（好比像素或音符），我們從近和遠兩個角度去觀察這些感知，就能同時體會前景與背景，如此便創造出一種完形／格式塔（gestalt）[4]，亦即經驗的整合。

任何事件都能從兩個角度去體驗：一是個體部分，二是統一整體。透過體驗感知得到的整合體驗能讓我們一窺堂奧，得知如何化解創傷。若想要駕馭治療心理創傷的必要本能，必須找出和運用創傷的指標，而我們可以藉由體驗感知去找到這些指標。

練習

以下是一項練習，它會讓你藉由個人體驗去大概了解何為體驗感知。無論你讀這段時身處何處，請盡量讓自己舒服點。

- 感覺你的身體與支撐身體的表面之間的觸感。
- 讓感知下探到皮膚，留意衣服給你的感覺。
- 讓感知下探到皮膚底下，那裡有什麼樣的感知？
- 現在，輕輕回憶這些感知。你如何知道自己感覺很舒服？哪些身體感知讓你有通體舒泰的感覺？
- 你現在更知道這些感知，是否因此感到更舒服些？這會隨著時間而改變嗎？
- 靜坐一會兒，享受「感覺舒服」的體驗感知。
- 很好！

編註4：Gestalt源自於德文，其概念為「整體」。完形心理學（Gestalt psychology），由馬克思·魏泰默博士（Dr. Max Wertheimer）所創。

有意識地體察自己的身體和感知會讓你的各種經驗更為強烈。重要的是要體會到，舒適的這種經驗來自你體驗到的舒適感，不是來自椅子、沙發或你坐於其上的東西。只要你去逛傢俱店，便瞭解你無法知道某張椅子是否舒適，除非你坐上去，透過身體去感受。

體驗感知會融合構成你經驗的多數訊息。即便你並未有意識地知道這點，但體驗感知會告訴你，在某個特定時刻，你身處何處和有何感覺，它會轉發生物體的整體經驗，而非從個體的角度去解讀正在發生的事情。也許討論體驗感知時，最棒的說法應是：它是身處於活著的身體中而有的經驗，這個活體透過自身對環境的反應，瞭解環境中的細微差異。在許多方面，體驗感知就像一條小溪，沿途風景變幻無窮，這條溪流根據周遭環境而變化。如果河床崎嶇陡峭，溪流就會充滿活力，成為湍流，衝撞岩石雜物，形成渦流和泡沫。等到它流至平坦之處，又會蜿蜒迤邐，甚至讓人感覺靜止不動。雨水和融雪會迅速增加溪流的水量，甚至會造成氾濫，淹沒臨近土地。同理，一旦體驗感知對周圍環境做出了判斷和定義，我們就會融入所處的環境，這種令人驚奇的感覺包括了我們內在和外部環境的「內容」和「氣候」。就像溪流一樣，它會改變自己來適應環境。

身體（外在）的感知，好比視覺、聽覺、嗅覺、觸覺和味覺，只會提供建構體驗感知基礎的部分資訊，其他重要的資訊是經由身體內部感知來獲得（身體採取的姿勢、張力、動作和體溫等等）。體驗感知會受到影響（甚至改變想法就可以辦到這點），但它並不是想法，而是我們感受的東西。情緒也會影響體驗感知，但它所起的作用遠低於多數人的設想。悲傷、憤怒、恐懼、厭惡和歡樂等「鮮明具體」的情緒都很強烈且直接。這類感受不多，很容易識別並指出它們。然而，體驗感知則完全不同。

體驗感知包含複雜且不斷變化的細微感受。我們體驗到的感覺通常都十分微妙，而且錯綜複雜，語言難以形容。你閱讀下面的語句時，想像一下你的感受比字句所能表達的多出多少？

- 仰望沐浴在光燦霞光中的山峰。
- 蔚藍的夏日天空裡，看著綴著朵朵柔軟的白雲。
- 觀賞一場棒球賽時，食物的芥末醬滴到你的襯衫上。
- 感受海水衝擊岩石和峭壁時激起的陣陣浪花。

- 觸摸一朵盛開的玫瑰或一片沾著晨露的草葉。
- 傾聽布拉姆斯的協奏曲。
- 觀看一群衣著鮮麗的孩童，高唱民族歌曲。
- 沿著一條鄉間小路漫步。
- 和朋友相聚聊天。

你可以想像自己不帶任何情緒地度過一天，但要不帶任何體驗感知度過一天，這不僅無法想像，也根本做不到。人活著卻不帶任何體驗感知，根本就違背最基本的生存經驗。

體驗感知偶爾模糊不清，卻始終複雜多變。它不斷移動、變化和轉換；它可以改變強度和清晰度，讓人得以改變自己的感知；它會提供我們過程和變化所需之物。我們透過體驗感知才能夠移動、獲得新資訊、彼此相互關聯，以及知道自己是誰。它與人的存在體驗密不可分，我們對它習以為常，有時甚至渾然不覺，除非我們有意識地去留意它。

雖然我已經更能覺察自己的身體感覺，但我發現我需要一個過程，讓我更能進入「體驗感知」。以下是彼得（Peter）的尋常生活，各位可從中看出端倪。

我勞碌奔波了一天，終於回到家裡，立刻伸手去拿遙控器。在我按下按鈕之前，我提醒自己戒掉這種經常讓我分心的舉動，我要去內省。我起初能意識到心裡閃過各種念頭，這些念頭就像蒼蠅，嗡嗡亂飛，但我任由這種不適感滲入意識。嗡嗡聲逐漸加劇，我的意識突然化為全身的緊張感，胸腔尤其緊繃。

過了不久，我開始留意不舒服和疼痛的部位，這些部位似乎到處遊走。當我更輕鬆地充分吸氣之後，我發現自身想法的跳躍速度稍有減緩。我看到今天發生的事件閃現而過。又過了一陣子，我感覺後腦逐漸發疼。我坐立不安，我的手臂和雙腿抖個不停。我想要站起來，讓自己做點事，但我卻始終安坐不動。不久之後，我注意到自己的頭慢慢向前垂，漸漸形成了有節奏的微微搖擺動作。我發現手心有股暖意，而當它們開始刺痛時，我才知道原來我的手一直很冰涼。我感覺肚子有些許暖意，這股暖意不斷加劇和擴散，我開始去留意它。

電話響了起來，鈴聲急促刺耳，讓我焦躁和惱怒。我的手臂不停顫動，而當我去注意窗外的鳥鳴時，這種感覺又緩慢消退了。後續進入我意識的是一位老朋友的模樣。我認出他之後，有一種溫暖的感覺。我感覺胸膛有種開闊感，充盈而曠達。我在那種開闊之中體驗到朋友的「感受印象」（felt image）。我附上「愉快」這個詞，一股寧靜、柔軟的悸動流入我的手臂和雙腿，而我心情愉悅（亦即，我有了愉悅這種體驗感知）。

讓身體替心靈說話

我們為何要開發體驗感知的能力？原因眾多，因為這樣便能更加享受感官經驗，也能夠由此踏入靈性狀態。研究指出（尤金．簡德林在《澄心聚焦》提到的研究），將體驗感知納入治療的方法比沒有如此做的療法更有效。體驗感知讓人感覺更自然，能在自己的身體中感覺更為踏實和自在。它可以提高我們的平衡和協調感，也會提升我們的記憶力，使我們更深刻接觸細微的本能脈動，引領我們去療癒創傷。此外，體驗感知還能讓我們更有創造力。正是透過體驗感知，我們才能感受幸福、寧靜和人際聯繫。這是我們體驗「自我」的方式。

時至今日，人們常說要「相信你的直覺」，各位透過體驗感知，便可學會如何去聆聽這種本能的聲音，但大多數人都不知道該如何引導自己去獲取這種覺察，我們習慣了分離，不會擁抱體驗感知。如果你是這種人，你可能會不習慣與體驗感知建立聯繫，請不要灰心，最初確實會有點困難，但請堅持下去，你能辦得到的。西方文化並沒有教人以這種方式體驗自身，學校只教我們讀寫和計算，幾乎不會教我們任何與體驗感知有關的內容。無論在家裡、街上或任何地方，從未有人做過這種事情。多數人每天都用到這種感知，但極少人有意識地去認知到有這種東西，更遑論去開發它了。各位別忘了，體驗感知是人類身上一種很奇妙的自然能力。

心理受創的人應該注意，學習運用體驗感知可能會很困難。創傷或多或少會阻斷我們與自身內部經驗的聯繫，而這是為了保護我們這個生物體，使其免受排山倒海的感知和情緒傷害。也許你得花點時間才能完全信任它，讓內部經驗得以透露出來。你要有耐心，要不斷提醒自己，不一定非得在此刻體驗一切，需要一步一腳印，才能走完治療創傷的英雄之旅。

利用體驗感知去傾聽

我們想要開始聆聽本能的聲音，首先要學會利用體驗感知去傾聽那個聲音。這趟治療之旅最棒的地方在於它很溫和，與本能自我建立聯繫能夠產生強大的力量，絕對不要勉強，你要放鬆，一步一步慢慢來，如果你感到失控，可能是你做得過頭了，下一次再遇到類似情況時，你要放慢腳步，此時此刻，慢慢來反而能夠更快達成目標。體驗感知偶爾來得很慢，有時你又會靈光一閃，瞬間豁然開朗，因此你最好保持開放的態度，隨時保持好奇心。

不要試圖去詮釋、分析或解釋發生的事情，只要去體驗和關注它。你也不必特別去挖掘記憶、情緒、想法或任何事物，如果它們自然浮現，那樣很好，但更重要的是不要去詮釋，要不帶任何情緒去觀察它們。你要觀察它們，任其來去。「順其自然」是掌握體驗感知的最好辦法，資訊會以話語、圖像、觀念和情緒之類的方式來到你身邊，而它們又總是會伴隨著另一層感知而來。這些感知有時難以捉摸，然而，如果你學會了從非常微妙的層面去觀察，你也能夠發現它們。

學會藉由體驗感知去瞭解自己，這是治療創傷的第一步。我先前將這種感覺描述為一條溪流，隨著你愈來愈能關注體驗感知，你會發現這種比喻真是非常恰當。你對自己遇到的人物和情況做出的反應如同一條不斷改變的溪流，開始穿透你的意識。下面的練習比先前運用體驗感知的練習又更加深入一步，能夠幫助各位去感受這條「溪流」的模樣。它還能幫助你培養傾聽的能力，以便傾聽你這個生物體的整體要說些什麼。

練習

要做這個練習，需要一本有大量圖片的書本或雜誌。大部頭的畫、自然或旅遊雜誌、月曆都是不錯的選擇。你只要觀看圖片即可，其他的事都別做。閱讀涉及的大腦區域與大腦感覺區域完全不同。你要著眼於直接的感知。

打開書本之前，要感覺你的手臂和雙腿，注意它們與你坐著的那個表面產生了什麼樣的感知。然後，將你此時體驗到的任何身體感覺，比如衣服、鞋子或頭髮的觸感，都一起加入進去。最後，將你感受到的其他所有感知都加入進去，好比鬆緊度、開放性、溫度、刺痲感、顫抖、饑餓、口渴、困倦。透過這個練習來回歸到體驗感知，將你的意識更徹底融入你的身體和呼吸。

請看著第一張圖片，注意你的反應。你喜歡它、對它沒感覺或不喜歡它？它究竟是美麗、讓人鎮定、古怪、神祕、令人印象揮之不去、讓人高興、令人哀傷、極具藝術性或有什麼？無論你的反應為何，只需注意它即可。假使你的反應分為好幾個部分，請分別注意它們。這種情況很正常。我們幾乎不可能對某件事物只有一種反應。

現在問你自己：我「如何」知道這是我對這張圖片的反應？試著去找出你看這張圖片時產生的感知。有些感知可能比較微妙，有些則較為明顯，無論有哪些感知，只要關注它們即可。你能感到「能量」流動或突然停止嗎？如果你能感覺能量流動，它是如何流動的？緩慢或快速？朝著哪個方向流動？這些感知是否有某種節奏？是否存在於你身體的某個部位？你感覺到緊繃、放鬆、自在、酸麻、沉重、輕盈、涼爽、密實、溫暖或精力充沛？留意你的呼吸和心跳。注意你的皮膚有什麼感覺，也留意你全身的感覺。體驗任何一種感知都算是一個起始點。

持續注意這些感知幾分鐘，看看它們是否會變化。它們可能保持原樣、消失、變強或變弱，也有可能變成其他的東西。注意這些變化，無論發生什麼，只要去關注即可。如果這些感知讓你覺得不舒服，不妨暫時轉移注意力。

轉向下一張圖片，重複先前的過程。當你逐漸上手時，可以用你覺得舒服的速度往前翻頁看圖。在你初步學習如何運用體驗感知之後，你也許會發現，如果你放慢速度，留意感知和感覺，會更容易觸摸到體驗感知。

我稍後將介紹專門針對身體感知和情緒感知的練習，而這些練習與創傷有關。由於某些情緒會與創傷症狀糾纏不清，必須學會如何去探索它們。此外，情緒可能會非常強烈、難以抗拒、激動昂揚且神祕難解，所以它們是我們在面對體驗感知時要因應的另一種特殊挑戰。多數人會發現，情緒非常有趣，值得探索，遠比單純的感知有趣得多。然而，如果你想要學會如何運用體驗感知，尤其是如果你想學會利用體驗感知去化解創傷，就必須學會找出情緒反應下潛藏的生理現象（亦即感知）。感知源自創傷症狀，而創傷症狀來自受壓抑的能量，這種能量正是我們要處理的東西。透過感知和體驗感知，這種巨大能量會逐漸解壓，然後被拿來轉化創傷。

我得再次提醒各位，要慢慢來，輕鬆自在進行，不要詮釋或評判體驗到的事物。只要任由你體驗到的事物帶著你進入下一個體驗即可。你可能很熟悉這個練習，但請像初次接觸時一樣來看待它，彷彿你從未做過這類練習，如此你才能從中獲得更多。

練習

這個練習不再用書本或雜誌，而要用到照片或紀念冊，無論是家庭相本或含有旅行或人生早期紀念物的剪貼簿，都是不錯的選擇。不管你使用什麼圖片，裡頭基本上都要是你非常熟悉的人物或地方。還是那句話，你只要觀看圖片，其他什麼都別做。

首先去感受手臂和雙腿，注意你的四肢與支撐你的表面碰觸時有什麼感覺。將你體驗到的身體感覺加進去。在做練習時，請不時這樣做，好讓你的意識更深入你的身體。

看向第一張圖片或第一頁（如果你用剪貼簿的話）。注意你的反應。它喚起了什麼樣的情緒？你感到開心、有趣、憂慮、微怒、困惑、傷心、生氣、愛戀、感激、尷尬、憎恨、惱火、噁心或懷舊？這些情緒有所不同，我們對它們的體驗也不一樣。無論你的反應是什麼，只需要關注它即可。如果你同時出現好幾種反應，請分別注意它們。你的反應是強烈或溫和的？你如何知道它是強烈或溫和的？假使你能根據身體感覺來回答這個問題，你便在學習如何利用情緒的生理暗流上邁出了一步。

現在問你自己：我如何知道這是我對這張圖片的情緒反應？試著去找出潛藏在反應底下的感知。某些感知也許很強烈，有些則微妙些。無論如何，只要關注它們即可。你有沒有感覺到張力或能量？如果有，力道或能量有多大？存在於身體的哪個部位？請注意你的呼吸、心跳和貫穿你全身的緊張感。注意皮膚的感覺。整個身體有什麼感受？你的反應讓你感到緊張、強烈、毛茸茸、平滑、粗糙、紊亂、麻木、灼熱、鬆弛、不快、放鬆、沉重、輕鬆、涼爽、笨拙、溫暖、充滿生氣、刺痛、振動、顫抖、黏滑或堅實？這種感覺藏在身體的哪個部位？如果這種感知有體積，問自己它們似乎是由什麼組成的。如果你感受到能量的流動，感受一下它如何流動，是緩慢或快速？流向何方？這種感知是否在膨脹？它位於何處？盡量明確定位。你如何知道自己的反應是什麼？

如果你發現自己用到通常被視為描述情緒的字眼，挑出其中一個問自己：我如何知道我感受到了情緒？你會有情緒，乃是你想起了過去。照片或紀念物也許會喚起你對過去事件的回憶。你只要以同樣方式關注隨這些記憶而來的感知。不斷提醒自己去感覺和描述感受到的事物，將其當作感知，而非情緒或想法。

轉向下一張圖片，重複先前的過程。要慢慢來，慢到能夠留意到隨著你對這些圖片的反應而出現的感知。對每一張照片或剪貼簿的每一頁，體會它們帶來的感知要幾分鐘，看看這些感知是否會變化。它們也許不變，也許會消失，也許會變得更強烈。不論發生什麼，你只需要去關注即可。

如果這些感覺或感知過於強烈或讓你不舒服，馬上將注意力轉移到你有過的愉快經歷，或者轉到你能夠想像的愉快經歷。將意識都集中到這次經歷帶來的身體感知上。將注意力轉移到其他感知時，有助於平息讓你不舒服的感覺。別忘了，未化解的創傷有時會帶有很強大的力量。如果這些練習或本書的其他內容不斷讓你感到不安，你就要立刻停止，稍後再做練習，或者尋求專業人士的幫助。

如果你的心靈之眼出現了可怕的景象，也請你緩緩注意它給你帶來的感知。有時候感知會太過強烈，你就會先看到可怕的影像。無論你為何受創，感知才是最終能幫你擺脫創傷的事物，也許你最終會了解致創事件是什麼，也許你終究還是不會知道。眼下你只要跟隨自己的反應，就會逐漸不再執著於非要弄清楚它究竟是真實或虛幻的。就算你需要知道致創原因是否真實存在，好比要去保護可能會面臨危險的孩子，你也可以占據更有利的位置去有效應對局面。

要注意的是，創傷能量偶爾會與某些想法緊密結合，好比深信自己被強暴或虐待。只要我們去質疑這些想法（尤其這些想法並非真實），或許能夠釋放一部分的創傷能量。如果你屬於這種情況，請多休息，多給自己一些時間來處理這些新資訊。盡量停留在你體驗的感知上，當你感到怯懦或虛弱時，千萬不要著急。無論有哪種感覺，都表示你在釋放能量，別過於強迫自己，不可超出自己的負荷能力。如果你感到疲憊，不妨小憩一下或早點就寢。神經系統有項優點，就是它會不斷自我調節。今天解決不了的事情，也許你某天變得更堅強、更有智慧或更有能力時，你就能解決了。

體驗感知既有生理元素，也有心理元素。我會在後續兩小節概述它們的重大區別。第一小節著眼於生物體如何透過生理機能去溝通；第二小節主要講述生物體運作時仰賴的某些心理習慣，希望這些內容可以幫助各位提高生理和感覺領域中運用體驗感知的能力。

生物體如何溝通

生物體有自己的溝通方式，只要持續閱讀本書，便能逐漸了解。從上面的練習可清楚看到生物體的一種重要的溝通特點，請各位回想上一個練習，你是否發現，當你在描述感知時，你用來描述的詞彙都是你熟悉的？如果你以前不曾摸過毛茸茸的東西，就不會知道毛茸茸是什麼樣的感覺，而且你這個生物體也就不會用毛茸茸這個詞來描述某種感知。生物體會用自己知道的事物來描述正在經歷的事物，所以千萬不要被語言所限制。感知可以讓人感覺毛茸茸、粗糙，或像是用玻璃、木頭、塑膠材質所做，很顯然，「感覺像是」才是描述的關鍵所在，但你身體裡其實並沒有真正毛茸茸或粗糙的東西，也沒有木頭、玻璃或塑膠，除非庸醫在幫你手術時把這些東西遺留在你的體內。然而，這些感知讓你想到了這些東西，它們都是隱喻而已。話雖如此，感知也可能是實實在在的，偶爾會與我們藉由器官、骨頭和肌肉接收到的資訊相互吻合。

生物體並不只會利用實物的特點去溝通，還會運用被理解為記憶的影像。造成創傷的能量非常強大，而創傷所引發的情緒包括憤怒、恐懼和絕望。如果你的身體選擇透過影像（不妨想一下你可能會看到哪些畫面）告訴你，指出你體內存在這些能量。影像可能有各式各樣，但會有一個共同點，就是它們不會賞心悅目。人經常會犯一個錯誤，就是誤將這些視覺交流當成現實。當生物體試圖傳達的真實資訊其實是受創者現在體驗到的感知「就像是」被強暴或折磨的「感覺」，但這個人可能會誤認為自己真的曾遭人強暴或折磨。然而，真正讓他們產生這種感覺的可能僅是他們曾接受過可怕的手術、發生過車禍或童年時被忽略，甚至有可能是任何事情。

當然，有些影像確實是來自真實的記憶。曾被強暴或折磨的人在產生影像的時候會從這些經歷中取材。有過這些經歷的孩童可能會忘記這些事情，直到數年之後才會記起來，而這種情況很常見。即便影像是「真實的」記憶，我們也得了解它們在治療創傷時扮演的角色。牽涉記憶的解釋、想法和詮釋偶爾會卡在半途，無法徹底進入或加深體驗感知。伴隨這些影像而來的感知非常寶貴。為了我們自己，我們必須弄清楚這些感知會給人何種感受，以及它們會如何變化，這點非常重要。

感知和體驗感知

研究生理學時，首先要注意的是，「體驗感知」與「覺察」密切相關。兩者的關係猶如觀看景物，「覺察」表示體驗眼前存在的事物，不去改變或詮釋它，一旦當你在說、在想「這表示……」，你就是在「詮釋」自己的體驗，就會跳脫覺察，進入心理分析的領域。事物的意義是直觀所產生的一種結果，在創傷治療時確實能夠發揮作用，然而，眼下你要將注意力集中在自己的體驗，而非自己的看法。後面會更深入探討意義在治療創傷中的重要性。

感知是物理現象，會構成我們的整體經驗。人若是拿起一塊冰塊，能影響我們對冰塊感受的感知，包括：冰冷、光滑、堅硬和方塊形狀。這些感知對我們完全理解冰塊來說都很重要，內在的感知也是如此。當你最初開始時，務必要反覆確認已將某種特定感知的每種特點都帶入覺察，你可以記錄下來，以確保這一點。你可能會遺漏某項感知的某些特點，因為你將它們視為理所當然，或者因為你沒有讓整體的感知進入覺察中，甚至是因為這些特點比較微妙或難以捉摸。

冰塊剛從冰箱裡拿出來時不但冰涼、堅硬、光滑和呈現方塊形狀，還會有點黏手。過了不久，它就會融化出水，變得不黏手了。先是黏手，然後濕潤，這就幫我們勾勒了我們對冰塊這種冰涼、堅硬、光滑和方塊物件的看法。身體的體驗也是如此，它就好比冰塊，如果你容納它一會兒，這種體驗就會改變。一旦你覺察到它們，內部感知就會轉化成其他的東西，而這種改變通常會跟隨能量自由流動的方向來發展。

節律：所有人都擁有的東西

河流有其節律，你無法催促它。

——無名氏

「感覺」會以無限的變化性出現，這就是簡單覺察如此重要的原因之一。感受力會讓我們更容易覺察各種感知的細微差異。在生理學中，微妙的感知和節律，與顯而易見的感知和節律同樣重要。

我想說明體驗感知的最後一項特徵，而它與節律的重要性有所關聯。生理現象會週而復始出現，而這些生物學節律對轉化創傷至關重要。你起初可能很難有耐心去等待它們進入覺察，因為它們的步調比多數人的生活步調要慢得多。創傷之所以會衍生出現，這就是其中一個原因——我們沒有給自己自然生物節律足夠的時間，使其完滿結束某項過程。此處所說的週期通常只要幾分鐘就可以完成，而這幾分鐘非常關鍵。你若想率先注意到這些節律，便要去感受感知的起伏。當你發現感知的全部特點時，感知就會轉化為別的東西（另一種感知、影像或感覺），而你必須遵循它的節律，這就好比你無法催促河流流動，適應並尊重這些節律是整個過程的一部分。

你現在已經大致了解該如何運用體驗感知。把它當成工具，讓你瞭解你這個複雜且具備精神的生物生物體。體驗感知簡單而優雅，然而，它其實比最強大的電腦更複雜千萬倍。它由覺察和感知組成，處處微妙多樣且富有節律。如果你已經對它原始精妙的元素有所理解，你就已經步上正軌了。

第七章 動物經驗

我認為，從宏偉的人性中無法看到人的獨特性質，除非人性能與人類至今仍與動物共享的古老特徵相互輝映。

——康拉德·洛倫茨（Konrad Lorenz）

我們的情感世界生機勃勃，充滿各種恐懼與反應，猶如一片大森林，裡頭住滿萬獸。我們體驗感受時，會覺得它們如同野獸，從我們體內濃密的樹林一躍而出，或者心懷警惕，偷偷窺視，亦或鬼鬼祟祟，悄然走動，甚至步伐靈巧，闊步而行，將我們和我們未知的自我聯繫在一起……

——保羅·謝潑德（Paul Shepard）

人類的生理基礎，是跟著原始沼澤爬出來的生物演化而來的，雖然我們很想另作他想，但我們的本源無可改變。在我們基本生物體的層面上，沒有任何思想或概念，遇見事物時只會有本能的反應。在人類的生物體中，某些衝動是隱匿未現，某些則強大而引人注目。無論人的推理、感受、規劃、建構、合成、分析、體驗和創造能力有多麼進化，我們都與遠古生物共享不可捉摸而本能的治癒能力，而這種能力是無可替代的。

動物也是如此做

大自然讓所有生物在面臨危險時有類似的神經系統反應。然而，在所有物種中，唯有一種生物會衍生長期的創傷後遺症，就是人類。動物只會被馴化或關在控管的實驗室裡飽受長時間壓力時，才有類似的後遺症，出現嚴重而長期的創傷反應。

這便會引出了下面的問題：

- 既然對威脅做出反應的神經系統設計精良，而且在所有生物身上都運作良好，為何人類無法充分利用這種系統呢？
- 我們不知道該如何利用它嗎？
- 我們是否無視於這種系統？
- 為何人類很容易心理受創？
- 哪些事情是動物會做但我們沒做的？
- 我們能如何向動物學習？並且能從牠們身上學到什麼？

我們討論的生存反應在自然界中是很正常且很健康的，而且它們對動物有利，動物遭遇威脅生命的事件時會很快擺脫最初的驚嚇反應並恢復正常生活，動物的反應會在一定時間內進行，並不會轉變成長期的反應。我們只要觀察這種行為，便能理解我們天生克服創傷的能力，還能學會如何不去干擾自己的本能。

經歷體驗感知能提供我們一個背景，讓我們與自身的動物本能重新聯繫，瞭解、感覺和感知會讓我們著眼於創傷癒合點。大自然沒有忘記我們，是我們忘記了大自然的餽贈。受創者的神經系統沒有遭到破壞，只是處於一種凍結狀態，重新發現體驗感知能讓我們感覺到溫暖和活力。這種感受溫和且不具威脅，會重啟我們本能的能量處理過程，而這個過程在創傷產生時被中斷了。人只要完成這種過程，就不會長期受創傷後遺症所苦。我們有內建的機制，可專門回應創傷並以自然之道來化解它。有些機制是我們和動物共有的，有些則是人類獨有的，特別是高度發達的思維和語言過程。

接著，我要談論的是對創傷來說極具重要的大腦區塊。動物大腦都深藏一個爬蟲類大腦，本能地隱藏其中。若想有意識地運用治癒創傷的資源，只能透過感知和體驗感知，感知是爬蟲類大腦的語言，就生物學和生理學而言，爬蟲類大腦對所有動物都是基本必要的，人類也不例外。這片大腦區域有預設的本能行為模式，以確保物種能夠存活（自我保護和生育繁衍），控制身體生命機能的本能變化就是受制於這片區域。爬蟲類大腦是高等生物進化的基礎，雖然高等動物的大腦區塊機能已經提升，甚至超越爬蟲類大腦，但起源於爬蟲類大腦的諸多行為乃是解開創傷神祕面紗的鑰匙，我們透過這些行為，才能感受身上的動物特性。

爬蟲類大腦發聲時，務必要聆聽

牠說這不是牠的錯。萊克斯說：「噢，沒錯，牠吃了我們，但這不是牠的錯。牠是肉食動物，這麼做不過是出於本性而已。」

——美國暢銷書作家麥可．克萊頓（Michael Crichton），《侏羅紀公園》（*Jurassic Park*）

爬蟲類根本不會根據意識去選擇，只會出於本能去做每一種行為和舉動。爬蟲類的本能就只是本能，會控制著牠，讓牠尋找食物、躲避危險和尋找配偶來繁衍後代，所有的自我防禦策略都透過基因編進了原始而高效的大腦。這些行為是節律週期的一部分，而爬蟲類根本無法控制這些週期，日復一日，年復一年，千百萬年來，這些生命儀式不斷被重複。為什麼？因為它們運作良好。

一隻昆蟲向一隻停在木頭上曬太陽的蜥蜴爬了過去，蜥蜴的舌頭一閃，昆蟲不見了。蜥蜴吞下昆蟲時，並沒有想自己是否餓了，牠壓根也不去想這隻昆蟲乾不乾淨、能不能吃，牠也從不計算一天攝入了多少卡路里。蜥蜴看到蟲就吃，好比睡覺、繁衍、逃跑、凍結和戰鬥等本能反應一樣自然。這種受本能控制的生物非常簡單。蜥蜴不會記住什麼，也不會規劃未來，更不想學習什麼，牠只靠本能來行動。

黑斑羚和獵豹（請參閱第一章）是哺乳類動物，大腦都有一個爬蟲類大腦核心，另有一個更為精巧的結構，稱為緣腦（limbic brain）。包括人類在內的高等動物都有緣腦，它是主導複雜情緒和社會行為的主要區塊，而爬蟲類根本沒有前述的情緒和行為。這些行為並未取代起源於爬蟲類大腦的本能衝動，而是補充和提升了本能衝動。緣腦從爬蟲類大腦核心接收衝動，然後仔細查探收到的資料，出於這種進化的結果，哺乳動物比爬蟲類能做出更多的選擇。

黑斑羚聚在一起吃草和交流，遭遇危險時更會成群結隊逃跑。黑斑羚能夠這樣，乃是因為牠們的緣腦能夠提供額外的資訊。除了逃跑這種本能反應，黑斑羚還漸漸理解並記住一點，就是聚在一起可提高自己的存活率（年幼的黑斑羚一旦受到威脅，就會重新融入種群。請參閱第一章）。有了緣腦，情緒也會進化，情緒讓哺乳動物有更為發達的資訊儲存和交流方式，也為理性大腦的進化鋪平了道路。

我們能有智慧自我（intellect itself），就是從本能基體（instinctual matrix）進化而來。本能界定了參數，引導每個物種去形成思維和發展語言。在健康的人類身上，本能、情緒和思維協同運作，讓人得以做出最多樣的選擇。

與自然合一

水母最為脆弱且缺乏實體，只能懸浮、搖擺和飄流於汪洋，其自我防禦之道便是仰賴整個海洋的力量，牠將自己的行為和意志全都託付大海。

——美國科幻作家娥蘇拉．勒瑰恩（Ursula Le Guin），《天鈞》（*Lathe of Heaven*）

昆蟲爬進了蜥蜴吐舌的範圍，瞬間就消失了；黑斑羚嗅到了危險，便會緊緊依靠在一起，向著安全地帶狂奔而去。從這些例子便可知道，動物根據潛能，能夠立即將外部誘因轉化為體內的本能反應。動物和環境合為一體，刺激和反應密不可分。

水母或變形蟲生動呈現了刺激和反應的協調統一。變形蟲在一片跟自身並沒有太大區別的液體介質中飄蕩前進，隨時跟周圍環境保持一致，環境只要有一丁點改變，變形蟲就會立即有所反應。例如，變形蟲會改變方位，朝食物游去，或者躲避有毒物質，變形蟲收到的外部信號和牠的反應幾乎同步發生，兩者渾然結為一體。

這種協調統一對生物體至關重要，能否存活都得仰賴它。沒有這種協調，我們如何能在面對機會和危險時即時做出適當的反應？這種協調統一的載體就是軀體，在人類身上，這種經驗是以感知和體驗感知的形式呈現出來。

協調統一

第一個蹤跡也是一串蹤跡的最後一個。在遙遠的另一端，有個生物正在移動，牠很神祕，每走幾步就會留下一些線索，透露關於牠的資訊，直到你幾乎能看到牠，甚至快要走到牠的身旁。

——語出《追蹤師》（*The Tracker*），湯姆・布朗（Tom Brown）對威廉・喬恩・沃特金斯（William Jon Watkins）如是說

在現今社會，多數人都無法停留在當下，也覺察不到體內和外界的細微差異。然而，許多土著依舊保有這種覺察，日常生活運作完全仰賴它。各位不妨想想土著在荒野追蹤獵物的經歷。

為了對周圍環境保持敏感，追蹤者必須全神留意自身的動物反應和體驗感知，他這樣做不僅更能了解自己的反應，也能掌握獵物的反應，追蹤者和獵物就這樣合而為一。獵物是否生病或受傷、是否飢餓或疲憊，追蹤者都知道，他知道獵物何時會出來覓食或交配，也知道牠睡了多久。他觀察腳印，知道獵物在哪裡喝過水，他透過灌木叢旁邊雪堆吹落的方向，便知道獵物曾在哪裡睡過覺。在狂風橫掃的高原上，雖然一片迷然，但追蹤者會利用自己與獵物之間的「一體性」來指引方向。他根據本能，知道獵物去了哪裡，他和獵物心靈相通。

即便追蹤者跟追蹤的獵物完全水乳交融，他仍然必須隨時注意環境的一切刺激（亦即資訊），無論內外，都得留意。他也許會被反追蹤，被其他飢餓或好奇的動物暗地觀察。為了安全起見，追蹤者需要善用體驗感知，全神貫注於當下，如此方能透過極度諧調的感知去覺察最細微的聲音或動作。他體內的無形直覺可能已經向他發出警戒信號，告訴他某些地方不對勁。各種氣味充盈，顏色鮮亮飽滿，一切都迸發著生機。追蹤者處於這種覺醒狀態，可能會在看似平凡的事物中發現美感，好比一小根樹枝、一條毛毛蟲和綠葉上的一滴露珠。

追蹤者與一切融合之際，會深深感到一股幸福感，他能隨時做出反應，全神警戒卻又輕鬆自如。他的「定向反應」（orienting response）運作絕佳，讓他充滿信心和感到安全，覺得自己能夠覺察問題並加以解決。

對野生動物來說，要存活就得有這些本能反應，使牠們能與周圍環境合而為一。對人類來說，如果能善用這些動物反應，就能獲得更多的好處。這些動物反應能夠提高我們建立聯繫和享受生活的能力，也能給我們帶來活力和生機。如果我們身心健康且沒有心理創傷，這些本能反應會給我們帶來更多感官享受，使我們的生活更豐富多樣以及充滿驚喜。

定向反應

鴨嘴龍繼續進食，就在離他幾英尺的地方，格蘭特看著牠扁平上喙頂部那兩個細長的氣孔。這隻鴨嘴龍顯然嗅不到他的味道。雖然牠的左眼正盯著他看，但不知為何，這隻鴨嘴龍無視於他的存在。他突然想，前天晚上，那隻暴龍也看不見他。他決定做個實驗，於是咳嗽了一下，鴨嘴龍立即凍結，那顆大腦袋似乎突然靜止不動，雙顎也不再咀嚼食物，全身上下只有兩隻眼睛還在轉動，不停尋找聲音的來源。過了一會兒，這隻鴨嘴龍發現似乎沒有什麼危險，便繼續嚼食。

——邁可・克萊頓（Michael Crichton），《侏羅紀公園》

想像一下，你正在一片開闊的草地上漫步，一個黑影突然闖入你的視線，你會如何反應？你出於本能，先前的所有動作都會停止。你也許會稍微彎曲身子，而當你的自主神經系統啟動時，你的心跳會加快。在這一瞬間的「止住」反應過後，你的眼睛會睜得圓滾滾的，你會不自覺將頭朝向黑影的方向轉過去，試圖去確定它的位置，想辨認出它是什麼。請感覺一下你的肌肉，它們正在幹什麼？

你的脖子、背部、雙腿和雙腳的肌肉都協同運作，讓你轉動身體，而你的身體會依照本能而挺直拉伸。你的眼睛會瞇起來，骨盆和頭會平行移動，好讓你對周圍環境掌握最佳的全景視角。你的內在狀態如何呢？當你看見黑影時，你體內的無形部分有什麼感受或感知？大多數人會提高警覺、全神貫注，想知道黑影是什麼。也許你會隱隱感到興奮和一股期待，想要弄明白黑影是什麼。你或許也會感到一絲危險。

動物一感覺周圍環境有所變化時，便會立即反應，尋找變化的來源，也許只會用一隻眼睛慢慢掃視周圍。動物會確定方向，朝著潛在配偶或食物去前進，同時遠離危險。如果環境的變化並未透露有危險、食物或潛在配偶，動物就會繼續先前的行為，好比之前提到的那隻鴨嘴龍。動物感受並對環境的新鮮事物做出反應的行為被稱為「定向反應」。

這些本能反應和促發這種反應的爬蟲類大腦一樣原始且古老。它們使動物持續對不斷變化的外在環境做出反應。所有動物（包括人類在內）的肌肉動作與感官覺察（perceptual awareness）之間都存在這些協調模式。儘管人類和蜥蜴、黑斑羚不同，但周圍環境中的新聲音、氣味和動靜時，會讓我們做出同樣的基本反應。

偉大的俄羅斯生理學家伊凡・巴夫洛夫（Ivan Pavlov）在他探討動物制約（animal conditioning）的巨著中指出並描述了這種定向反應。巴夫洛夫將這種反應的先天特徵稱之為「shto eta takoe」反射。若根據字面直譯，就是「它是什麼？」反射。然而，如果要譯得更精準，這個詞的意思就更接近「那是什麼」、「這裡發生了什麼」或「嘿，老兄，發生了啥事！」，強調的是反應中隱含的那種吃驚和好奇。人們普遍認為，這種雙重反應（回應加上詢問）是定向行為的顯著特徵。對人類和其他動物而言，期待、吃驚、警惕、好奇和感知危險的能力，都是動作覺察和感官覺察的形式，全都起源於這些定向複合體系。但在心理受創者身上，這些資源都減少了。刺激通常會啟動凍結（創傷）反應，而非適宜的定向反應（亦即一聽到汽車回火，受創病患可能會怕到癱軟）。

定向反應是動物回應環境的主要方式。這些反應不斷彼此交融和相互適應，最後出現各種反應和選擇。這種確定「它在何處」、「它是什麼」、「它是危險或合我意」的過程首先會在潛意識中進行。

我的朋友安妮塔（Anita）最近跟我說了一個故事，生動闡釋了這種動物本能如何發揮作用。她和丈夫以及三歲的孩子橫越非洲，到了肯亞之後，進行了一次獵遊（safari）[1]。他們乘坐一輛廂型車，穿過馬賽馬拉（Masai Mara）沙漠，中途停下來休息。她和丈夫在車裡相對而坐，她丈夫坐在一扇開啟的窗戶旁邊，兒子就坐在他大腿上。他們當時正在討論見到的一些動物，但安妮塔突然發現自己毫無理由地衝到車廂對面，砰的一聲關上那扇開著的窗。然後，安妮塔才看清楚，也就是清楚意識到，有一條蛇從車廂外的草叢裡鑽出來，離她兒子的臉只有幾英尺。

這位母親尚未清楚意識到蛇之前便有所反應，稍有延遲，可能就會出人命了。本能大腦經常會在我們還沒清楚意識到刺激之前就去定位和組織，並對刺激有所反應。

逃跑、戰鬥……或凍結

格蘭特觀察的時候，一隻前臂慢慢伸出，扒開了那些動物臉旁的蕨類。格蘭特看到那隻前臂的肌肉非常發達，那隻手有三根手指，指尖都是彎曲且帶有利爪。那隻手臂小心翼翼、慢慢將蕨類分開。格蘭特感到一陣寒意，心想牠正在狩獵我們。人類是哺乳動物，對爬蟲類的狩獵方式異常陌生，難怪人很痛恨爬行動物。那種寂靜、冷酷和步調，全都跟人不對盤。置身於短吻鱷或大型爬蟲類之中，誰都明白那是完全不同的生命形式、完全不同的世界……

——邁可．克萊頓，《侏羅紀公園》

某些物種已經進化出特別適合生存的機制。為了避免被發現和攻擊，斑馬身上有偽

譯注1：觀賞或捕獵野獸的旅行。

裝色、烏龜有龜殼、鼴鼠會挖地洞，狗、狼和郊狼會打滾，以表示順從。戰鬥、逃跑和凍結之類的行為非常古老，比爬蟲類大腦更早出現，所有物種都會有這些生存法則，從蜘蛛、蟑螂到靈長目動物和人類，無一例外。

普遍而古老的自我防禦行為被稱為「戰鬥或逃跑」策略。如果迫於形勢需要進攻，受到威脅的動物就會起而戰鬥；如果受威脅的動物可能落敗，牠就會撒腿逃跑。這些選擇不必經過深思熟慮，它們是出於本能，被精心寫入爬蟲類大腦和緣腦。一旦逃跑和戰鬥都無法奏效，動物還有另外一道防線：僵直（凍結、凍僵），這也是普遍且基本的生存策略。不知何故，生物學和心理學甚少討論這種防禦策略。然而，動物受到威脅時，這種生存策略同樣可行，甚至經常是最佳選擇。

從生物學來看，成功並不表示打贏，而是存活，所以只要能達成這個目標，用任何手段都無所謂。這個目標就是還能活著，直到危險解除，然後再處理後果。大自然不會評判這些策略，指出哪種策略更好，如果郊狼從裝死的負鼠身旁走開，負鼠就會從僵直狀態恢復並逃走，牠才不會去想自己原本是否可以用更好的方式回應。**動物不會將凍結視為無能或軟弱，人也不應該有這種想法**。

逃跑或戰鬥，顯然就是要避開危險，但僵直反應的功效則不那麼明顯，但它作為一種生存機制，其重要性並不亞於前面兩種。唯有大自然才能決定哪種本能反應能提高物種的整體存活率。人類（甚至動物）遇到威脅時，都無法根據意識去控制自己究竟要不要進入僵直狀態。動物發現自己陷入困境、無法選擇逃跑或戰鬥來逃脫時，就會表現出僵直狀態，這樣會給牠們帶來不少好處。

首先，許多掠食者除非極其飢餓，不然都不會去殺死或吃掉僵直不動的動物。僵直就是假死，以此誤導掠食者，使其誤以為眼前的這堆肉可能有害，這種欺騙伎倆可讓獵物有機會逃脫。

其次，正在掠食的動物比較不會察覺靜止不動的獵物，如果獵物的毛色或外表有偽裝效果，掠食者就更難發現牠們。有些動物只能看到會移動的獵物，舉例來說，青蛙和蜥蜴就看不到草地上的昆蟲，除非昆蟲在移動。此外，許多掠食者不會攻擊不動的獵物，因為毫無生氣的軀體引不起牠們的攻擊欲望。

第三點，如果掠食者碰到的是一群獵物，群體中若有某個個體癱軟，會使掠食者暫時分心，這樣群體的其他動物就能夠順利逃脫。

第四點，萬物都位於食物鏈的一環，不是掠食者，就是獵物。既然世界如此，僵直反應是大自然提供的一種止痛機制，能讓被捕食者瀕死時的痛苦降到最低。

回歸正常的活動

我強調過僵直或凍結反應，因為它經常會造成人的心理創傷。動物無論以何種方式「裝死」，通常都不會出現創傷。只要仔細觀察動物，就能明白牠們如何做到這一點。

一群鹿在一片森林空地上吃草，有一根樹枝突然折斷，鹿群立刻警覺，隨時準備逃進森林裡，然而，如果鹿被逼入死角，也許會拼死一戰。此時，每隻鹿都靜止不動，牠們肌肉緊繃，仔細傾聽並嗅著空氣中的氣味，想要查明聲音的來源。當牠們確認沒有危險之後，就會重新悠閒地吃草，清潔身體並照顧幼鹿，然後於晨光中取暖。此時若再出現一個刺激現象，鹿群又會回到警覺和高度警戒的狀態，牠們會再一次準備逃跑或戰鬥，數秒之後，鹿群若是發現沒有危險，又會繼續先前的活動。

如果用望遠鏡仔細觀察鹿群，便可看到牠們從高度警戒回到正常放鬆的活動狀態。當鹿群確定自己沒有危險時，牠們經常會開始打顫、抽搐並微微發抖，最先脖子上半部、耳朵附近的區塊非常輕微地的抽搐或振動，然後會蔓延到胸部和肩部，最後下到腹部、骨盆和後肢。肌肉組織會這樣細微顫抖，就是生物體在調控神經系統的迴異活動狀態。鹿一天內會經歷幾十次、甚至上百次這種有節律的週期，鹿每次受刺激時，這個週期都會出現，牠們輕鬆自在且又有節律地在放鬆的警戒狀態和高度戒備狀態之間不停轉換。

以動物為師

野生動物不但提供我們健康和活力的標準，也讓我們了解生物自癒的過程。我們從動物身上得知，假使人的反應也完全出自本能，我們也能運作正常。動物是我們的老師，親自示範了大自然的平衡狀態。

治療創傷時，其中一個難題是過度關注致創事件。心理受創的人往往會將自己視為倖存者，而非可以根據本能自癒的動物。動物能夠從威脅中反彈，足以為人類樹立典範，牠們給我們指出了方向，讓我們得以探索與生俱來的治癒能力。我們必須關注自己的動物本性，據此找到本能策略，讓自己擺脫創傷後遺症。

第八章

生理反應如何變成病理反應：凍結

狀態已經設定好

創傷症狀是以螺旋方式形成，始於某些原始的生物機制，其核心是僵直或凍結反應，而這是一種由爬蟲類大腦誘發的自我防禦機制。

生物體面對威脅時會戰鬥、逃跑或凍結，這些反應是整體自我防禦系統的一部分。生物體在戰鬥和逃跑反應挫敗之後會訴諸最後一個手段（亦即凍結反應），出於本能而收緊。生物體一旦收緊，原本戰鬥或逃跑策略釋放的能量會被放大並困於神經系統。在這一激動而焦慮的狀態下，受挫的戰鬥反應會突然轉變成憤怒，而受挫的逃跑反應則成了絕望無助，個體於是進入憤怒或無助的狀態，但仍有突然返回到瘋狂的逃跑反應或狂暴反擊的可能。生物體若能逃跑或自我防禦而釋放能量，並由此化解威脅局面，就不會受到創傷。

另一種可能的情形是，生物體會持續收緊，一直到憤怒、恐懼和無助不斷累積至活躍狀態，徹底壓垮神經系統。此時，僵直會占據上風，個體不是凍結，便是癱軟，然後被封凍的強烈能量沒有被釋放，而是與恐懼、憤怒和絕望混合成的一股難以抗拒且高度活躍的情緒狀態緊緊結合在一起。

大腦新皮質是罪魁禍首

為什麼人類不能像動物那樣隨意進出不同的本能反應呢？其中一個原因是我們擁有高度進化的新皮質（亦即理性大腦），它非常複雜且強大，足以藉由恐懼和過度控制去干預爬蟲類大腦生成的微妙恢復本能衝動和反應。此外，它尤其會隨意忽略我們溫和的本能反應，像是可引導我們釋放能量來治療創傷的反應。由爬蟲類大腦主導的衝動，所激發和驅動的能量獲得釋放以後，才能獲得令人滿意的效果。大腦新皮質只能詳細查探這些本能訊息，而非控制這些訊息。

新皮質並不夠強大，不足以忽視生物體面對威脅和危險時的本能自我防禦反應（包括戰鬥、逃跑和凍結），就這點而言，人類其實仍與自身的動物本性密切相連。然而，動物沒有高度進化的新皮質，不會受到干擾，因此能夠釋放能量，重新恢復正常機能。

人之所以會受到心理創傷，乃是本能迴圈雖然已經啟動，卻因為受到阻礙而沒有完成。本能反應會促使整個迴圈完成，但新皮質若是忽視這些反應，人就會受創。

恐懼和僵直

動物的僵直反應通常持續不久，瞬間到來，也會瞬間消失。人類的僵直反應卻不容易自行消失，因為被鎖在神經系統的大量能量被恐懼和擔憂之類的情緒困住，結果由恐懼和僵直構成的惡性循環占了上風，讓反應過程無法正常結束，一旦這些反應受阻而無法完成，就會形成創傷症狀。凍結反應開始時，恐懼和憤怒充斥，後續還會讓這種反應維持下去，即便實際的威脅早已消失。

如果你從背後悄悄靠近一隻鴿子（趁著牠在啄食穀粒時），然後輕輕抓起牠，這隻鴿子就會凍結。如果讓鴿子頭下腳上倒置，牠會保持僵直狀態好幾分鐘，兩隻爪子就僵在半空。當鴿子擺脫這種恍惚狀態以後，牠會站起來，跳著走或直接飛走，好像什麼都沒發生過一樣。然而，如果這隻鴿子先受到驚嚇，它會掙扎著想逃走，如果牠被瘋狂追逐了一陣子並被強力撲倒，牠也會陷入僵直狀態，此時的僵直狀態持續的時間會比先前長得多。牠擺脫恍惚狀態以後，也許會拼命撲騰搖晃，看到什麼東西都會去啄，或者立即跌跌撞撞地飛走。恐懼大幅強化和延長了（亦即賦予力量）僵直狀態，還讓恢復過程變成令人害怕的事。

如何進去，就如何出來

如果我們在高度活躍和驚嚇時進入了僵直狀態，我們會以同樣的方式走出這種狀態。美國陸軍流動外科醫院（Army M.A.S.H.）的醫生談到受傷士兵時常說一句話：「如何進去，就如何出來」。如果一位士兵在恐懼和驚慌的狀態下接受手術，他麻醉消退之後醒來時，可能會處於狂暴狀態，完全搞不清楚狀況。從生物學來看，他就像一隻動物，受到驚嚇和被捕捉之後，為了生存而搏鬥。瘋狂反擊或死命逃脫之類的衝動反應是恰當的生物反應。獵物被捕捉之後從僵直狀態甦醒，一發現掠食者仍在現場，牠們想要存活，就只能激烈反抗了。

同理，女性被強暴之後，若是逐漸走出驚嚇狀態（經常是數月或數年之後），經常會衍生殺死施暴者的衝動，有些可能真的會付諸行動。在這些從受害者變加害者之中，有些人已經受審並被判「預謀」殺人，因為上述的時間落差讓人誤以為當事者有預謀。由於人們誤解這種生物現象，所以可能會出現不公正的審判。這些女性很可能受到強烈（但延誤）的自我保護反應驅使而殺人，她們走出激動不安的僵直狀態以後，內心感到憤怒，因此想要反擊，這些報復行徑也許是出於生物本能，不一定是有預謀的。被強暴者受創以後，若是能有效化解她們的驚嚇，也許某些人就不會去殺人了。

在創傷後焦慮中，僵直狀態主要是在內部力量的作用下持續著。強烈的反擊衝動非常駭人，而受創者經常內化這種衝動，自己隱忍，不對外發洩。這種內爆的怒火會轉變成焦慮性憂鬱症和各種創傷後壓力症候群，跟試圖死命逃脫卻被抓住的鴿子一樣，逐漸走出僵直狀態的受創者通常會困於恐懼之中，害怕突然恢復活力以及自己會施加暴力。他們深陷於恐懼、憤怒和僵直的惡性循環而難以自拔。他們準備全力脫逃或瘋狂反擊，卻害怕會暴力傷害自己或別人而繼續壓抑自己。

跟死亡沒兩樣

第七章討論了僵直反應對獵物的生物學優勢，讓掠食者誤以為獵物已死，這招經常奏效。然而，以為獵物已死的並非只有掠食者，僵直的獵物在生理上跟死了沒兩樣，動物偶爾會「過度陷入僵直反應」而真的死亡。爬蟲類大腦對動物的生和死掌握終極的控制權，如果它反覆收到訊息，說這隻動物已經死了，它也許會加以配合。然而，爬蟲類大腦通常不會持續收到動物死亡的信號，所以不會導致嚴重的後果。動物會處於僵直狀態一段時間，然後會顫抖身軀去釋放能量來擺脫這種狀態，此時，整個過程才算完成。

人類的大腦非常發達，因此人要擺脫僵直狀態時，過程比較複雜。人會害怕經歷恐懼和憤怒，也害怕自己會對本身或他人施暴，甚至害怕被恢復活動時釋放的能量壓垮，所以會一直保持僵直反應。然而，這些並非阻礙僵直反應完成整體流程的因素，害怕死亡也是另一個原因。大腦新皮質告訴我們，僵直狀態跟死亡差不多，死亡又是人竭力避免的事。但動物沒有這種抑制意識，對牠們來說，生死同屬一個系統，只是一種生物狀態。

人類明白死亡是什麼，因此害怕死亡，我們連作夢都在逃避死亡。你有沒有夢到過自己往下墜，而在即將觸地（或落水）之前醒來？你有沒有夢到過被某個人（或物體）追趕，而就在對方給你致命一擊（一刀或一槍）的那一瞬間突然驚醒？由於僵直反應給人的感覺就像死了一樣，因此人類就無法充分擁抱這種體驗感知，直到它完成整個自然過程。人害怕這種感受，所以會竭力阻止僵直反應順利完成。因為大多數人無法忍受進入僵直狀態，也無法忍受擺脫這種狀態，創傷症狀就會日漸累積和滯留，逐漸變得愈來愈複雜。

如果我們容許自己體驗類似死亡的凍結感覺，同時擺脫伴隨而來的恐懼，就能自由出入僵直狀態。不幸的是，這種事並非「咬緊牙關忍一忍」就可辦到。生物體很容易便能從外部和內部感受到危險，隨著僵直反應轉變成恐懼、憤怒或死亡經驗，我們會情緒激動，反應劇烈，正如我們在事件發生時的情況一樣。要想從僵直狀態走出，方法是在相對安全的情況下透過體驗感知去經歷它。別忘了，這個過程看似漫長，但相對來說，走出僵直狀態所需花費的時間非常短暫。

這是一種累積效應

創傷症候群並非一夜之間形成，僵直反應需要耗上數個月才會轉變成長期症狀。如果我們知道如何因應，完全有充裕的時間在我們對不可抗拒事件做出的反應轉化為症狀之前，便去化解其中未完成的生理反應。只可惜多數人不知道該如何做，甚至不知道自己可以有所作為，許多人就這樣逃避不可抗拒的事件，礙於尚未化解的創傷而飽受痛苦。

從生理層面來看，後續出現的僵直和再僵直經驗都跟初始的經驗大致雷同，唯有一項重要的差別，就是每回進入僵直狀態，被調動起來應對的能量總和會增加，這是由於再進入僵直狀態的累積效應。能量增加以後，必定會引發更多的創傷症狀。僵直反應不僅會變成長期症狀，強度也會日漸增加。隨著凍結的能量不斷累積，竭力想要承載這些能量的症狀也會不斷增加。

生物反應如何變成病理反應

如果我們大腦新皮質中的大片區域都被摧毀（無論是因為手術或事故），我們依舊仍能運作。然而，一旦爬蟲類大腦或其相關組織出現一丁點「損傷」，動物或人類的行為模式都會徹底改變。睡眠、活動、攻擊、進食和性行為之類的模式都會改變，出現重度機能失調。根據實驗室的試驗結果，有些動物會完全癱瘓或者異常活躍，牠們也許會過量或過少進食，直到危及生命的地步，或者會不自覺地不斷飲水。牠們也許會過度耽溺於性行為，進而無力滿足其他需求，也可能恰好相反，對性行為完全喪失興趣，根本不會去交配和繁衍後代。這種變化會讓動物無法適應環境，以至於牠們沒辦法在正常條件下存活。用電擊去刺激大腦的原始區塊，也會引起這種適應不良症狀。創傷後的壓力也會導致適應不良（雖然可能達不到同等程度）。

關於創傷所產生的病理反應，都可視為是神經系統為了調節被激活能量的活動（生理、行為、情緒或心理）所引發的不良運作模式。病理現象（亦即症狀）或多或少成了生物體的安全閥門，這種安全閥門會釋放剛剛好的壓力，讓系統保持運轉。除了提高生物體存活率和減少痛苦之外，僵直反應還是神經系統斷路器的一個關鍵部分，缺少了它，人面對難以逃脫的局面時會身處強烈的啟動狀態，極有可能負荷過多的能量而枉死。其實，只要想想神經系統若沒有它們充當安全閥門的話會怎樣，我們就能體會和感謝僵直反應衍生的創傷症狀。

生物體生病之後，會設法運用體驗感知去體驗所有可利用的想法、感覺或行為，以便承載生死關頭時被啟動但尚未被釋放的能量。爬蟲類大腦控制的這些功能（譬如吃飯、睡覺、性行為和一般性的活動）都為萌生創傷症狀提供了廣闊的沃土。厭食、失眠、濫交和過動都只是一小部分症狀而已，一旦生物體的自然功能失調，這些症狀就會湧現出來。

第九章

生物體如何從病態中恢復：解凍

……能量是純粹的快樂。

——英格蘭詩人威廉・布萊克（William Blake）

第八章指出，創傷能量猶如火山噴發，兇猛無比，卻被恐懼和僵直狀態組成的枷鎖困住。要想擺脫創傷，關鍵在於將僵直狀態（通常持續不久）與恐懼鬆綁。受驚的動物從僵直狀態中走出來之後，會開始死命反撲，或者瘋狂亂竄，試圖逃脫。為了存活，拼命戰鬥或逃跑時被調動的能量會在動物擺脫僵直狀態時重新爆發出來。人類開始擺脫僵直狀態時，經常會被突然湧現的情感巨浪困住，因為我們沒有立即對這些情感巨浪採取行動，所以能量會轉變成巨量的狂怒和恐懼。心生恐懼以及擔心會對自己和他人施加暴力，這兩者會再次觸發我們的僵直反應，並以凍結恐懼的形式無限擴大這種反應。創傷的惡性循環便如此形成。

第一步：重新審視南西的病例

在我幫助南西放鬆時（請參閱第二章），她開始擺脫自己長期的僵直反應。她長期壓抑憤怒和恐懼，而當這些洶湧情緒被激發出來以後，瞬間找到了出口。南西對內心想像出來的那隻襲擊她的老虎做出反應，最終完成了積極的逃脫反應，從而（在數十年之後）釋放了被封凍的能量。她逃離那隻幻想的老虎時，順利調動了一種從生物學角度而言非常合適的強烈反應。隨著她的僵直狀態逐漸解凍，南西釋放了能量時引起的激發或喚起（arousal）[1]。

在高度激發中，南西用一種積極的反應替換掉了先前的無助反應，從而做出一種生理選擇。她的生物體立即明白，自己無須再停留在僵直狀態。因此，創傷反應的核心是生理性的，也正是在生理層面，治癒過程才會開始。

譯注1：心理學名詞。

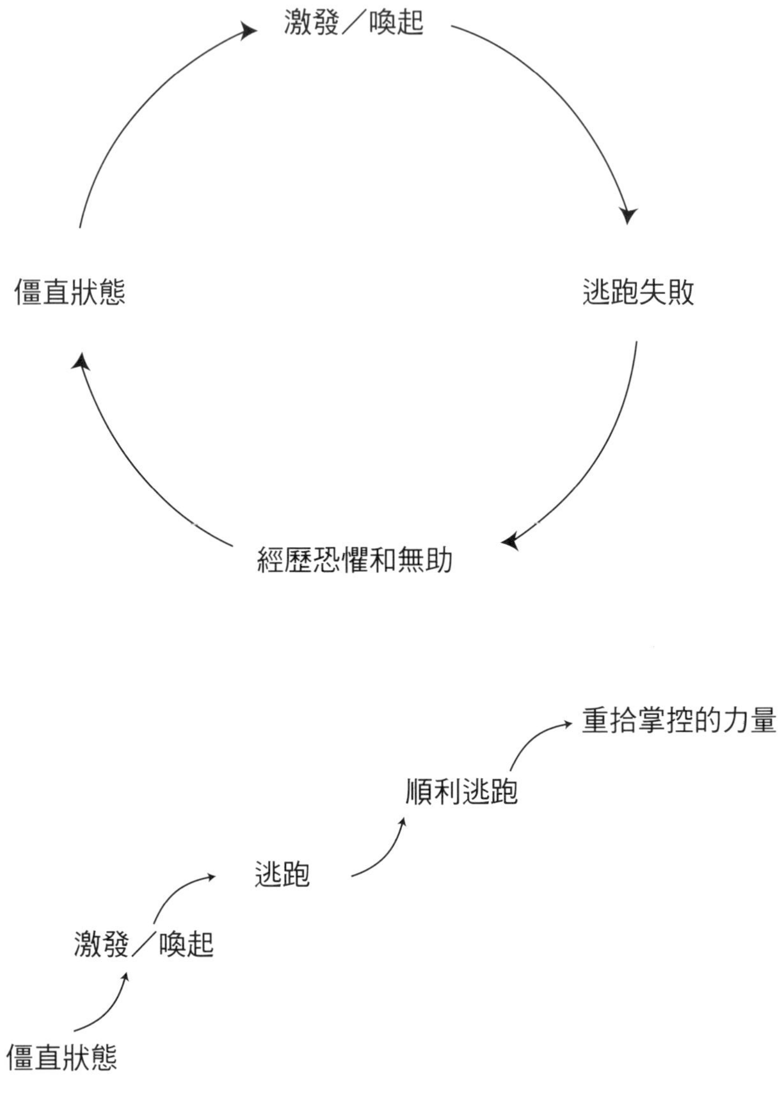

圖 1　南西順利轉化的生物原理

一切都與能量有關

僵直反應蘊藏的力量，以及恐懼、憤怒和無助之類的創傷情緒，最終都屬於生物能量。我們如何使用和整合這種能量，足以決定我們是否會繼續處於僵直狀態以及是否被壓垮，或者能否擺脫僵直狀態而解凍。我們具備很多優勢，如果我們能得到適當的支持和指導，便可戰勝恐懼。只要能充分利用我們高度發達的思維和認知能力，就能有意識地擺脫創傷反應。然而，必須要循序漸進，不可冒進求成。我們應對極易發作和極不穩定的憤怒、恐懼和無助等情緒時，最好一步一步慢慢來。

無論僵直反應存在多久，驅動僵直反應完成的力量會一直保持活躍。我們學會如何駕馭這種力量之後，這種驅動力便會成為我們的最佳幫手，協助我們化解創傷症狀。這種驅動力會持續存在，即便我們沒有妥善處理好，它還是會存在，再給我們一次機會。

南西之所以能夠「療癒」，關鍵在於她在最為恐慌且處於激發頂端的那一刻能夠從虎口逃脫。南西似乎只有一次機會，要嘛順利逃跑並治癒創傷，要嘛跌回讓她難以抵擋的無助和焦慮的漩渦之中。我在協助南西的這些年裡，逐漸弄清了該如何治療創傷，我發現治療關鍵在於要循序漸進，慢慢處理被困在創傷症狀中的強大能量。

下一步：莫里斯的故事

下面是一位年輕人的創傷治療奇幻之旅，展示如何改善創傷治癒策略的過程。莫里斯（Marius）二十多歲，是個愛斯基摩人，在格陵蘭的一個偏僻村莊長大。他身材瘦小，聰明內向，長得有點孩子氣。我問他是否可以將他的問診過程寫進我的書，並保證我會隱藏他的名字和身分。莫里斯把眼睛睜得很大，說道：「可以，沒問題……我覺得很榮幸。你能不能用我的全名？如果我的家人和我在村子的朋友讀到你的書時，他們就知道你說的人是我。」下面便是莫里斯．因努蘇托克．克里斯滕森（Marius Inuusuttoq Kristensen）的故事。

莫里斯在丹麥哥本哈根參加了一個培訓課程。他說自己有焦慮和恐慌的傾向，尤其遇到他崇拜並希望得到對方讚許的人時更加如此。這種焦慮在他身上表現出的症狀是兩腿發軟、右腿劇痛，而且不時反胃噁心。莫里斯向我描述這種經驗時，頭臉發熱，渾身冒汗，兩頰通紅。他描述這些感覺時，提到了他在八歲時發生的一件事。

他當時獨自去山上，在返家的途中被三隻野狗圍攻，右腿被嚴重咬傷。他想起當時疼痛難忍，在一位鄰居的懷中醒來，還想起父親進了門，對他惱怒萬分。他看到父親的態度，感到很痛苦，也很生氣，深深受到傷害。他尤其記得自己穿的新褲子被咬爛了，褲子上都是鮮血。莫里斯講述這些時顯得很煩躁。我請他再跟我講講那條褲子。那條褲子是他母親那天早上送給他的驚喜，是她用北極熊的毛皮特別為他縫製的。莫里斯說到這裡，態度突然轉變，面帶愉悅和自豪。他感到很興奮，緊緊將雙臂抱在胸前，彷彿在感受那柔軟的毛皮，沐浴在新褲子給他的溫暖之中。他說道：「這條褲子跟村子其他男人穿的一模一樣，是獵人穿的那種。」

他更興奮了，生動且詳細描述自己初見那條褲子時的那一幕。

他幻想用手撫摸那條褲子。

「好了，莫里斯，」我問道，「你能在那條褲子裡感受到自己的雙腿嗎？」

「可以，我能感受到自己強壯的雙腿，跟村裡獵人的腿一樣粗壯。」

隨著影像和身體感覺經歷逐漸展開，他看到了一大片石頭。我要他感受那條褲子，然後看著那些岩石。

「我的腿想跳起來，兩腿很放鬆，不像平常那樣緊繃。它們像彈簧一樣，輕盈又強壯。」他說看到一根很長的棍子，長棍放在一塊石頭旁邊，他去把它撿了起來。

「到底是什麼？」我問道。

「一根長矛。」

他繼續說道：「我在追蹤一隻大北極熊。我跟獵人在一起，但要殺死熊的人肯定是我。」（當他想像自己跳過一塊塊岩石去追蹤獵物時，可以看到他的大腿、骨盆和軀幹肌肉稍有動作。）

「我看見那隻熊了。我停下來，拿著長矛對準牠。」

我說：「很好，用全身去感覺，感覺你的腳踩在岩石上，感受你腿部的力量，感受你彎曲的背部和手臂，感受所有的力量。」（在「夢境時間」〔dream time〕進行這種遊戲，可以刺激他的本能攻擊行為，但這些行為在他被野狗攻擊而崩潰時受到了壓抑。這樣可以刺激他，培養他的捕獵反應，而這種反應最終會成為資源，用來中和他被攻擊時的僵直—凍結癱軟反應。）

「我看見矛飛出去了。」他說道。我又一次看到莫里斯稍微調整了身體姿勢。他的雙腿和手臂微微顫抖。我鼓勵他感覺這些感受。莫里斯跟我說他感到一陣一陣的興奮和愉悅感。

「我做到了！我用矛刺中了熊！」

「那些獵人現在在幹什麼？」我問道（仍然是為了喚起他的獵捕衝動）。

「他們剖開熊的肚子，取出內臟，然後剝掉熊皮……去……做褲子和大衣。然後他們會扛著熊肉返回村子。」

「感受你的褲子，莫里斯，把手放到腿上。」我繼續幫助他利用腿部知覺去創造資源。這些資源會隨著時間而累積，逐漸增加他逃脫的可能性。（請各位回想南西的情況，她要嘛全有，要嘛全無。）

莫里斯的眼睛開始泛起淚花。

「你能做到這一點嗎？」我問他。

「我不知道……我很害怕。」

「感受你的腿，感受你的褲子。」

他逐漸提高音量，用愛斯基摩語叫喊了起來。「……沒錯，我剖開了熊的肚子，流出很多的血……我取出內臟。現在我要剝開牠的皮，我要把皮剝下來。毛皮油光發亮。很漂亮的一張皮，又厚又軟。披上這張皮，鐵定非常暖和。」

莫里斯的身體又開始發抖，那是興奮、有力且帶有征服快感的顫抖。這種啟動／激發非常強烈，從他全身上下都能明顯察覺。這愈來愈接近他被野狗攻擊時的狀態。

「感覺如何，莫里斯？」

「我有點害怕……我不知道以前有沒有過這種強烈的感受……我覺得還行……我感到強而有力，全身充滿能量，我想這樣是可行的……我不知道……太強烈了。」

「感受你的腿，感受你的腳，用手摸那條褲子。」

「我現在感覺鎮靜些了，不是激動……更像是一種力量。」

「很好，不錯，很好。現在開始往山下走，往村子裡走。」（我在引導這個剛補充能量的人返回心理受創的那一刻。）

幾分鐘過去了，然後莫里斯的身體彎了下來，一動也不動。他心跳加劇，臉脹得通紅。「我看見野狗了……牠們向我衝了過來。」

「感受你的腿，莫里斯，摸摸你的褲子，」我厲聲命令他。「感受你的雙腿，睜大眼睛看看。發生了什麼事？」

「我正要轉……轉過身。我看見狗了。我看見一根柱子，那是一根電線桿。我往電線桿那兒跑。我不知道我竟然記得這個。」莫里斯臉色蒼白。「我愈來愈虛弱了。」

「感受你的褲子，莫里斯，」我命令道，「用手去感受你的褲子。」

「我在跑。」他恢復了血色。「我能感受到自己的腿……腿很強壯，跟踩在岩石上的感覺一樣。」他的臉又蒼白了，叫喊了出來：「啊……我的腿，跟火燒一樣……我動不了了，我想動，但動不了……我動不……我動不了，現在腿沒感覺了……我的腿麻痺了，我感覺不到我的腿了。」

「轉身，莫里斯。轉向那條狗，看著牠。」

這是關鍵時刻。我遞給莫里斯一捲紙。如果他現在凍結的話，他會再次受到創傷。他抓住那捲紙，使勁扭著它。其他的小組成員，包括我在內，看到他能用那麼大的力量去扭扯那捲紙，無不感到驚訝萬分。這捲紙差點被他扭斷。

「現在轉向另一條狗，直視牠……直視牠的眼睛。」

就在此時，莫里斯發出了憤怒和勝利的尖叫。我讓他沉浸在他的身體感覺中幾分鐘，融入那強烈的感覺。然後我又讓他看。

「你看到了什麼？」

「我看到那些野狗……渾身是血，全都死了。」（他先前想像自己殺死並取出北極熊的內臟，便做好了準備。）

他的頭和眼睛慢慢轉向了右邊。

「你看到了什麼？」

「我看到了那根電線桿……上面有螺栓。」

「好，感受你的腿，感受你的褲子。」

我打算要叫他跑，以便完成逃跑反應的過程，但我還沒來得及說出口，他就叫了起來：「我正在跑……我能感受到我的腿，我的腿強壯得跟彈簧一樣。」他的全身都在顫抖和振動。從他的褲子可以看到有節奏的起伏。

「我在爬……爬……我看到牠們在下面……牠們都死了，我安全了。」他開始輕聲啜泣，我們停頓了幾分鐘。

「你現在有什麼感覺？」

「我感覺自己被一雙強而有力的臂膀抱著，那個人把我抱在懷裡，他的手握著我的手。他把我抱在懷裡，我感到很安全。」莫里斯跟我描述了村子裡的幾道柵欄和幾間房屋（他在輕聲啜泣。）

「他在敲我家的門。門打開了……我父親……他很生氣，跑去拿了條毛巾……我的腿流了很多血……我的褲子被扯破了……他非常生氣……他不是對我生氣。他只是很擔心。好痛啊，肥皂弄疼我了。」莫里斯還在啜泣，但現在哭得很沉穩和緩。「真的很痛。但我哭是因為『他沒生我的氣』……我看得出來他很擔心，也很害怕。我感到全身振動和刺痛，感覺很平靜很溫暖。他是愛我的。」

莫里斯繼續輕輕顫抖，他的身體突然冒出一層濕熱的汗珠。我問他：「既然你知道你父親是愛你的，你的身體現在有什麼感覺？」現場一陣沈默。

「我感到溫暖，很溫暖和平靜。我現在不用哭了，我沒事了，他當時只是嚇壞了。他並不是不愛我。」

重新協商

莫里斯起初對受創事件的印象或記憶只有沾滿鮮血的褲子、被咬傷的身體和他父親痛斥他的畫面。然而，其中也浮現療癒的核心，其正向的種子就是他的褲子。這條褲子成了一個引線，順利串起這起致創事件的「重新協商」（renegotiaton）。

那條被撕裂且鮮血淋淋的褲子，其意象在莫里斯腦中激發，同時喚起了他收到這份禮物時的幸福感覺。莫里斯收到這份成人禮的那一刻非常開心。獨自進山是一個開端，乃是成年禮。他的褲子在這次「出巡」中是一個力量物件[2]。莫里斯剛問診時「高興得想跳起來」，於是啟動了自身資源，使其進入動作模式，這對治療他來說非常關鍵，讓他最終解凍了凍結反應。

當人的適應資源與激發同時增加時，便能促成創傷的重新協商。他未化解的僵直模式，從受創經驗的邊緣逐漸進入凍結的「驚嚇核心」，便隨著啟動狀態的加劇而被靈活和可化解的模式所消解。

我鼓勵莫里斯逐漸追溯他和褲子最初的正向經驗，朝著造成創傷的凍結「驚嚇核心」前進，原本愉快的經驗便與他先前遭受挫敗和被父親排斥經驗建立了聯繫。這給他提供了新資源，亦即天生的攻擊性和勝任能力。莫里斯有了這種新尋獲的自信，便在看到石頭的意象時，他的資源就開始聚集。莫里斯從一塊石頭跳到另一塊石頭、發現並撿起那根棍子時，他的創造過程便在開發這些資源，驅使他往前去面對即將到來的挑戰。

他扮演攻擊者，跟獵人一樣去追蹤想像的北極熊，而我同時在觀察他的身體反應。莫里斯藉由想像和感受自己強而有力的雙腿，並與村子的獵人建立聯繫，從而掌握了資源。正是由於他感到自己充滿力量，他才能看到並殺死了那頭危險的獵物。最後，莫里斯在幾近狂喜的狀態下，取出那隻北極熊的內臟。我們要明白，這段經歷雖是虛構，卻至關重要，因為體驗感知的存在，對莫里斯來說，無論從心理、生理和精神層面而言，這段幻想經歷都跟他的原始經歷一樣真實。

在後續事件中，莫里斯遭遇了真正的考驗。他充滿力量、抬頭挺胸，往下朝村裡走

譯注2：力量物件是薩滿的圖騰，運用這種物件或與其互動，便可施展力量以及讓自己感覺更強大。

去。他的意識範圍已經擴大，莫里斯首度看見和描述那條路和那些野狗。他以前的腦海中並沒有這些影像，這些都受到抑制，被他遺忘了。他發現自己在躲避野狗，往電線桿那邊跑。莫里斯感受雙腿的力量之後，便不再受困於僵直反應，他現在可以有所選擇。他殺死熊之後，感到狂喜，全身顫抖，充滿能量，而這股能量被轉化成逃跑的能力。這只是開端，他能逃跑，但無法脫困！我叫他轉身去面對要咬他的野狗，免得他再度陷入僵直狀態。這一次，他反擊了，最初怒火沖天，後來則是歡欣鼓舞，跟他先前殺死熊後掏出熊的內臟時一模一樣。整個計畫順利完成，莫里斯獲勝了，不再是失敗後而飽受痛苦的人。

然而，重新協商尚未完成。接下來，莫里斯轉身向電線桿跑去，準備逃跑。他多年前已經啟動了這種行為，但直到此刻，他還沒完成動作。他運用新資源逃走了，從而完成逃脫過程。從線性時間角度來看，這或許說不通，因為他已經殺死了野狗。然而，對他的本能而言，這完全合乎邏輯。打從他八歲起，僵直反應就被凍結在時間裡，但他現在完成了這種過程。我一年之後重返丹麥，發現莫里斯已經不再受焦慮困擾，重新協商徹底改變了他。

身體經驗創傷療法：分步驟去重新協商

幫助莫里斯走出童年創傷，透過的重新協商是分步驟且「虛構」，其中包含許多要素。我會診過上千次，得知莫里斯的經驗大致上是虛構的，不是因為他是原住民，而是大家都一樣，對創傷進行重新協商，本身就是虛構，這是充滿詩意的英雄之旅。這是屬於所有人的旅程，因為我們都是人類動物，即便從未曾踏出城市一步的人都不例外。創傷治療過程可以使我們超越社會和文化侷限，觸及更宏觀的普世感（universality）[3]。南西是突然逃離想像的老虎，莫里斯的重新協商則是逐漸發生的。

「身體經驗創傷療法」很溫和，會逐步促成創傷的重新協商。運用體驗感知去接觸並逐漸調動困在創傷症狀的強大力量。這種方法類似於一層層剝開洋蔥，謹慎地揭露受

譯注3：心理學名詞。

創的內部核心。至於這些操作如何發展出來，其技術層面過於複雜，不在本書的討論範圍。重要的是，我們必須知道治療創傷需要花時間，康復之路上既有激動人心且讓人懷念的時刻，也有逐步漸進和平淡乏味的時候。莫里斯的治療過程是利用虛構元素且極富戲劇張力，但他化解創傷的關鍵在於承認並重新得到有反應能力且資源豐富的人應具備的原始反應。

莫里斯的療癒之旅足以啟發我們。我們需要記住，他能療癒自己，乃是他從生理層面釋放了被困在僵直反應的巨大能量。我們可以用莫里斯的經驗為借鏡，共同找出辦法，逐步接觸並利用受壓抑的能量。

對每個人來說，掌控創傷是一段英雄之旅，在這旅程中，既有創意迸發和深刻學習的時刻，也有刻苦砥礪的時候。我們要避免被擊垮，順勢找到安全溫和的路徑去擺脫僵直狀態。有時候會像莫里斯的案例，在一次看診中密集發生許多事情，但偶爾也會較為開放的情況，一切都是逐漸發生的。

重新協商的要素

縱觀莫里斯的故事，我們可以找出治療創傷後遺症的要素。莫里斯開始講述自身故事時，注意力全部集中在那條沾滿鮮血且被撕破的褲子，以及他父親對他的排斥上。在那個時候，這張固定的影像為整個意外定了調，將整個事件濃縮於單一的影像之內，這就是創傷的特徵。莫里斯因此感到挫敗、深受傷害和感到被父親排斥。在問診過程中，當他感受依附在血褲這個影像的情緒，而沒有分析或控制它時，他開始經歷情緒的轉變，不再感到挫敗、深受傷害和感覺被人排斥。毛皮褲子成了催化劑，激發出相反的感覺。他看到母親的禮物這個影像時，高興得想要跳上跳下。

莫里斯接觸自己的體驗感知，從自身的痛苦和傷害中找到了一顆寶石。他沒有一頭栽進痛苦深淵，而是以成人的姿態，拿著那顆寶石去開始完成童年的「出巡」，展現男人氣概和自身個性。當他高興收下作為禮物的褲子時，順利將快樂和焦慮區分開來。莫里斯將興奮快樂和恐懼之間的連結鬆綁，踏出了喚醒老虎的重要一步。

接下來，莫里斯擴展和深化這種興奮感。他用手感受褲子，也感受褲子裡面的雙腿，開始透過體驗感知去儲備豐富的資源。正是要透過與自己的體驗感知建立聯繫，我們才能受其指引，踏上轉化創傷的個人之旅。

我們在愛情中神魂顛倒，卻在創傷中麻木無感[4]。莫里斯認出村裡獵人時，便重新與自己的雙腿建立了聯繫，如此才重新掌控自己的身體，重新融入了社會環境，重新掌控自己是創傷治療時的重要步驟。

莫里斯幻想自己在山上走路以及在岩石上跳來跳去，發展出力量和彈跳力的體驗感知。從表面上來看，這種彈跳力就是我們的腿部彈性。從隱喻角度而言，這種彈跳力可幫助我們從創傷中回彈，進而擺脫創傷。

接下來，在莫里斯追蹤那隻幻想的北極熊並準備擊殺牠，他調動了兒時被擊垮而喪失的攻擊性。恢復攻擊性是治療創傷後遺症的另一項關鍵要素，莫里斯重獲攻擊性之後便獲得力量，順利踏出最後幾步，化解了心理創傷。有了這種新得到的攻擊性，他將複雜的焦慮情緒轉化成快樂和勝利的愉悅。莫里斯幻想自己用矛刺殺了熊，做出了積極反應，確保自己能夠獲得勝利。他不再是那個被打敗的小孩。莫里斯一步一步用積極的攻擊反應去取代原本無助而凍結的反應，藉此與創傷進行了重新協商。

在重新協商這個節點上，我們不但看到攻擊性的反擊反應，也看到他建立主動的逃脫（逃跑）反應。莫里斯幻想自己爬上電線桿且四處張望，透過順利完成定向反應來完成重新協商。這種動作讓他將恐懼與興奮分開。重新協商幫助他重拾因創傷而減少的資源。

重新協商的整體過程如下：第一步是透過體驗感知去建立一個聯繫，建立起來之後，我們可以任由感覺的潮流四溢，譬如發抖和釋放其他的自發能量。我們能利用體驗感知去解除興奮與恐懼之間的不良聯繫。因為興奮在補充能量，而為了讓這種能量補充不受焦慮打擾，而且不摻雜任何焦慮，我們必須使其扎根於地下。

彈跳力是絕望無助的反面。樹木因為根深深扎在土裡，才能強壯牢固且富有彈性。這些根會從地下吸收養分而變得強壯。樹木扎根於地下才能有彈性，也才能隨風而動，不至於被連根拔起。要有彈跳力，才能扎根和「離地」，這種輕快彈跳就是扎根的動態

譯注4：原文為 we are swept off our feet 以及 legs are knocked out from under us，兩者皆包含腳的意象。

形式。我們的攻擊性是一種生物能力，讓我們充滿活力和精力充沛，在使用本能和力量尤其如此。在僵直狀態（受創）下，我們無法運用這些讓人堅定和給人自信的能量。要想化解創傷，必須重拾應有的攻擊性。賦能（empowerment）[5]是接納個人的權能，是從選擇方向和運用個人能量的能力衍化而來。掌控（mastery）是擁有熟練的技巧，足以面對威脅。定向（orientation）是根據置身情況和環境確認位置的過程。我們透過這些方法與殘留的創傷症狀進行重新協商。

因為每種傷害都存在於生命內部，而生命會不斷自我更新，所以每種傷害都包含治療和更新的種子。我們的皮膚一旦被切開或被異物侵入的那一刻，大規模的精確生化反應就會透過我們進化智慧而啟動。人體天生便能不斷自我校正來更新自己。治療心靈、精神和靈魂時，也是遵循同樣的原則。

譯注5：心理學名詞。

第二部分

創傷的症狀

第十章

創傷反應的核心

激發：有起必有落

當我們覺察到危險或感覺自己受到威脅時，我們會被激發，而激發是一種給我們生存反應提供能量的活動。不妨想像一下你站在懸崖邊緣，你往下看時，請觀察下方突起的岩石。現在去留意你的身體，此時，你應該或多或少會被激發。我們此刻通常會感受到一股能量激流，可能會感覺到一陣發熱或心跳加快。你也許會注意到自己的嗓子會發緊，肛門括約肌會緊收，有些人可能還會因為危險靠近而激動，覺得很刺激。

大多數人喜歡瘋狂激發帶來的「天然興奮感」（natural high）。不少人熱衷追求「瀕死」體驗而去玩高空彈跳、跳傘和滑翔翼，都是為了感受伴隨極度激發而來的快感。我曾經治療許多退伍軍人並跟他們聊過，他們都表示很後悔，因為過去身處「激烈的戰場」，反而從未充分感受過生命。人類渴望挑戰，需要被激發，讓我們充滿能量去迎接和克服挑戰。激發迴圈完成後可帶來不少的好處，其中之一就是能讓人感到非常滿足。這種迴圈大致如下：我們遇到挑戰或受到威脅，然後被激發；我們起而行動去面對挑戰或威脅，激發程度達到高峰；最後，激發程度陡然下降，讓我們放鬆和滿足。

心理受創者非常不信任激發迴圈，他們之所以會如此，通常是有道理的。因為對受創者而言，激發已經跟受到恐懼而僵直的這種恐怖經驗捆綁在一起了。礙於這種恐懼，受創者會避免完成激發迴圈，然後一直受困於恐懼迴圈。對於受創者來說，關鍵是要逐漸熟悉一條簡單的自然法則，亦即有起必有落。如果我們能信任激發迴圈，能夠隨其起落，創傷就能開始痊癒。

以下是幾種最常見的激發跡象：

- 身體——心跳加快、呼吸困難（過快、過淺或喘氣等）、冒冷汗、肌肉緊繃刺痛
- 心理——想法增多、大腦飛速運轉、擔憂

如果我們接受這些想法和感知，運用體驗感知並使其自然流動，它們將達到頂峰，然後開始減弱並消退。我們也許會顫動、發抖、哆嗦，感受一陣一陣的溫暖、深呼吸、心跳變慢、冒出熱汗、肌肉放鬆，以及全身感到安心、舒適和安全。

無論原因為何，創傷就是創傷

如果某個事件影響了生物體，但這種影響卻沒有被化解，此時就會導致創傷。透過體驗感知去處理這種未化解的影響，創傷就能療癒。重新體驗致創事件或許很有用，但這樣通常起不了作用。創傷症狀偶爾會模擬或重現致創事件，然而，要想治療創傷，必須能夠去觸及創傷反應的過程。

下面的練習會幫助各位理解為何生物體對威脅性事件做出的反應比事件本身更重要。這個練習不會處理創傷本身，而是處理誘發創傷的生理反應。它還能幫助你釐清創傷會給人帶來何種感受（受創者有千百種，但感受卻很類似），並告訴各位該如何找出它。

練習

如果你練習時感到難以適應或焦躁不安，請停下來。有些人可能會對這個練習反應過於強烈，如果你遇到這種情況，建議你尋求專業人士的幫助。

當你做這個練習時，需要一支鉛筆、一張紙、一個有秒針或電子顯示器的鐘錶（如果沒有這類計時器，也可以進行練習）。手握著筆，把鐘錶放到你能看到的地方，找出舒適的姿勢，與你的體驗感知建立聯繫。感受你的雙臂和雙腿，然後感受身體被椅子或地板支撐的感覺。現在去感受任何存在的其他覺知，好比衣服接觸皮膚的感覺，或者書本壓在你大腿上感覺。要想做好這個練習，你需要這種覺察。

一旦你能覺察自己的身體感覺之後，如果你還感覺自在，就繼續下去，一步一步跟著做。要想取得最好的結果，最好一口氣做完，中間不要停頓。在練習以前，先讀一下內容。當你閱讀和體驗時，透過體驗感知去觸及自己的感覺和想法。

第一部分：舒適地坐好，假裝你正在搭飛機，在三千公尺的高空飛越這個國家。飛機遭受一些亂流，但沒什麼大不了。全神集中意識，注意你的體驗感知。想像你突然聽到巨大的爆炸聲響，轟的一聲，然後是徹底的靜默。飛機引擎熄火了。你的身體有何反應？

- 留意你的呼吸有何反應
- 留意你的心跳
- 留意身體不同部位的溫度
- 留意哆嗦和不自主抽搐和動作的強烈程度
- 留意你的整體姿勢
- 留意你的眼睛
- 留意你的脖子
- 留意你的視覺和聽覺
- 留意你的肌肉
- 留意你的腹部
- 留意你的雙腿

簡要記錄身體每個部位的反應，記住這些反應發生在第幾分第幾秒。

深吸一口氣，然後放鬆。讓你的身體回到做練習之前的那種舒適狀態。將注意力集中在這種舒適感，注意你何時覺得自己已經可以做下一步的練習，記下那時是第幾分第幾秒。

第二部分：想像你坐在朋友家門前的臺階，等著他們回來。天氣暖和，萬里無雲。你並不著急，身體後仰，盡情享受這悠閒時光，感覺舒適自在。突然，你先前注意到的那個人在街上開始向你衝過來，一邊跑一邊尖叫，還揮舞著一把手槍。你的身體有何反應？

像第一部分那樣完成這一部分的練習。

第三部分：假裝你正在高速公路上開車。路上車輛不多，但你還要二十分鐘才能抵達目的地，你決定聽聽音樂。你剛伸手去調收音機，就看見一輛卡車越過中央分隔線向你衝了過來。你的身體有何反應？

像先前部分那樣完成這一部分的練習。

第四部分：把你在前三部分的練習答案放在一起比較。

- 你在每種情境下做出的反應有何相似之處？

- 有什麼不同之處？
- 你現在若要放鬆一下，難度有多大？
- 每次練習之後，將自己放鬆所需花費的時間記下來。

多數人對這三種情境會做出相似的反應。任何可能的致創事件，無論是真實的或想像的，都會導致某種生理反應，而這些反應因人而異，主要差別在於強烈有別。這種反應是動物界的普遍現象。如果你覺得自己很難控制本身的激發，那就睜開眼睛，將注意力集中在周圍環境中的某些（讓你感到愉快的）地方。當人類或動物缺少應對危險事件的資源時，他們產生的激發和其他生理變化是一樣的。因為每個人的初始創傷體驗很相似，你可以學著去找出這種經驗，如同上述練習教你找出人對危險的初始反應。再說一次，要想尋找這些相似之物，必須透過體驗感知。它們給你的身體帶來何種感受？

創傷反應的核心

心理受創者或多或少都有四種創傷構成要素，分別是：

1. 過度激發
2. 收縮
3. 解離
4. 凍結（僵直），伴隨無助感。

這四種要素共同組成創傷反應的核心。創傷事件發生以後，這些症狀會率先出現。人的一生都曾經歷這些正常反應，沒什麼大不了。然而，假使這四種現象同時出現，而且持續很久，幾乎就可以肯定我們遭遇的某個事件給我們留下難以消除的創傷後遺症。

只有學會找出這四種要素，才能開始去找出創傷。如果被調動起來應對創傷事件的自我防禦能量沒有在事發後的數天、數週或數月內被釋放或整合起來，其他創傷症狀就會從這四種要素衍化出來。

過度激發

多數人遭遇衝突或承受壓力時，會出現心跳加快、呼吸急促、情緒激動、難以入睡、內心緊張、肌肉抖動、思緒紛亂之類的症狀，甚至會焦慮症發作。這些並不代表創傷症狀，但它們經常是某種過度激發所引起的。如果說過度激發、收縮、解離和無助感構成了創傷反應的核心，過度激發就是這個核心的種子。

各位若是回想前面的練習，便知道它至少喚起了一種溫和的過度激發。一旦出現這種強化的內在激發，表示身體在召喚自身的能量資源來對抗潛在的威脅。如果形勢嚴峻，可能威脅到生物體的存亡，被調動的能量就會大得多。即便我們知道要釋放這種能量，但做起來並不容易。過度激發如同其他的本能過程，不是我們能自行控制的。下面的練習很簡單，能讓各位親自體驗過度激發並確認它。

練習

在上個練習中，你經歷了三個場景，你是想像或在自己體內創造了那些反應？那些是你的身體針對你幻想的場景所做出的下意識反應嗎？換句話說，它們能夠出現，是由你控制，或者它們是自行產生的？

現在，請刻意讓你的身體在沒有幻想威脅場景的情況下產生這類反應。使用直接的方法，看看你的身體會不會產生與上面三種場景類似的反應：

- 你的眼睛
- 你的姿勢
- 你的肌肉
- 你的激發程度

現在，同時試試身體各個部位的感受。

比較一下你在這個練習的經驗跟你在先前那個練習中的經驗，有哪些相似點？又有哪些不同點？

在做前面的練習時，多數人的身體姿勢、肌肉收縮和肢體動作跟過度激發狀態下伴隨的情況大致相似，但跟真實場景的情況相比，可能達不到同樣的協調和同步程度。如果你一次完成所有的肢體反應，而非一次完成一種，極有可能出現高度的內部激發。然而，即便是一次完成一種，也比光說「神經系統，變得高度激發」更有效。絕大多數人使用這種直接和刻意的方法，都無法達到同等的激發程度，根本起不了作用。過度激發是神經系統對威脅所做出的反應，無論這種威脅是內在的、外部的、真實的或幻想的。

在短期之內，構成心理創傷核心的其他三種要素（收縮、解離和無助感）就會運轉起來保護生物體。這些自然機能不僅能讓我們免受外在威脅（這些外部威脅啟動了我們的反應），還可保護我們免受內在威脅的傷害（如果被激發的能量沒被用來積極防禦）。創傷症狀起初是作為短期的解決方案才會出現，它們被用來處理未被釋放的能量所造成的困境。然而，各種症狀一旦發展下去，便會環繞某些主題來組織，而這些主題當然就是收縮、解離或無助感。

收縮

請翻閱你在本章第一個練習的記錄。有多少身體反應表明你出現某種形式的收縮、緊張或緊繃感？

身體各部位都可能出現收縮。人一開始面對威脅時，通常都會收縮，而收縮會影響身體的每一項功能。

當我們對威脅生命的情況做出反應時，過度激發一開始就伴隨著身體和感知的收縮。神經系統會啟動，讓我們將注意力集中去面對威脅。收縮會改變人的呼吸、肌肉的緊繃狀態和身體姿勢。皮膚、四肢和內臟血管都會收緊，讓更多的血液供肌肉使用，而肌肉此時處於緊繃狀態，準備去採取防衛行動。

對環境的感知意識也會收縮，如此一來，我們才能將全部注意力集中於面對威脅，這是一種高度警覺。徒步旅行者突然看到響尾蛇盤在前方道路中央時，會聽不到淙淙溪流聲或鳥兒在樹上的鳴叫聲，他們不會注意美麗的野花或遍布岩石的青苔，也不會關心午餐要吃什麼，或者自己是不是曬了太多的陽光。在那一刻，他們的注意力會完全集中在蛇身上。

我們都曾聽過，有些人在遭遇危難時會展現非凡的勇氣和驚人的力量，媽媽看到十幾歲的兒子被汽車壓在底下，會突然能夠空手抬起汽車，因為她的神經系統調動了能量，讓她得以處理這個可能危及她兒子生命的局面。過度激發和收縮會共同作用，使她能夠完成在正常情況下無法完成的事情。如果她當時被嚇壞了，而且在高度激發且極度收縮的情況下沒有任何作為，某些未被化解的能量就會被鎖進持續的過度激發中。剩下的能量會被用來保持收縮狀態，同時產生各種類似但更為複雜的創傷症狀，譬如：長期的過度警覺、焦慮、恐慌發作或侵入式意象（intrusive imagery，好比瞬間重歷其境或可怕的幻覺）。

一旦收縮不足以將生物體的能量集中去進行自我防禦，神經系統就會啟動其他機制（好比凍結和解離）去承載過度激發。一旦我們必須保護自己卻又無能為力時，神經系統就會使用收縮、解離和無助等反應，去讓我們處理這種局面。

解離

我不怕死。我只是希望死亡降臨時我不在場。

——美國導演兼劇作家伍迪・艾倫（Woody Allen）

伍迪・艾倫語帶詼諧，說了這句頗值得玩味的俏皮話，精確描述了解離所扮演的角色——解離首先讓我們不受持續高漲的激發所影響。如果某個危及生命的事件繼續進展，解離會保護我們免受死亡的痛苦。英國探險家大衛・李文斯頓（David Livingstone）在個人日記中生動記錄自己在非洲草原上遇到一頭獅子的情形：

「我聽到一聲大吼。我嚇了一跳，四處張望，看到一頭獅子向我撲過來。我當時站在高處，牠撲過來時抓住我的肩膀，我們一起滾到了下面的地上。獅子在我耳邊吼叫，牠搖晃著我，就像獵犬搖晃老鼠那樣。我大驚之下，有點恍惚，這就像老鼠被貓一晃之後的反應。我彷彿進入了夢境，既感受不到疼痛，也感覺不到恐懼，但我意識清楚，知道正在發生什麼事。這就如同病人接受麻醉後所描述的那樣：能看到手術過程，卻感覺不到手術刀劃過身體的感覺。這種奇特的感覺似乎不是任何心理過程所能造成的。我被一晃之後，消弭了恐懼，而且打量這隻野獸時，根本沒有任何恐懼。這種怪異狀態或許會出現在被食肉動物屠殺的動物身上，如果真如此，那真是造物主的仁慈之舉，賜與我們這種功能來減輕死亡的痛苦。」

要定義解離，最好根據解離給人帶來的經驗。比較溫和的解離會讓人昏昏沉沉，最極端的解離則會發展成所謂的多重人格綜合症（multiple personality syndrome）。解離會打斷體驗感知的連續性，因此通常都會伴隨時間和認知的扭曲。輕微的解離會導致下面的經驗：許多人從街角小店開車回家，突然發現自己到家了，但完全不知道自己如何回到家，只記得自己開車離開那間小店。我們將鑰匙放在「某個地方」，然後不記得放在哪裡，這也是解離在起作用。我們此時會心照不宣，承認體驗感知暫時失效了，於是會開玩笑，說自己或別人「魂不守舍」或「心不在焉」。換句話說，我們就是神魂出竅了，這就是解離在我們日常生活中展現的形式。

人唯有在遭遇生死關頭時才能意識到解離。想像一下，你開著車在狹窄的山路遇到一個急轉彎，你必須突然轉向，以免和一輛迎面而來的卡車對撞，當你向狹窄的路肩滑過去時，你會看到整件事以慢動作展開。然後，你毫無畏懼，異常鎮定，發現你在旁觀而非面對死亡。

同理，被強暴的女性、面對敵人砲火的士兵或車禍的受害者，也許會體驗到自己與身體的解離。被侵犯的孩子，也許會從天花板的一角看到自己被猥褻，對下面那個絕望無助的孩子感到難過，或者麻木無感。

解離是最典型且最微妙的創傷症狀，但也是最神祕的症狀。我們知道解離的經驗或它所扮演的角色，但很難解釋產生它的機制。在創傷中，解離似乎是不錯的辦法，讓人得以承受無法承受的經驗，好比來自獅子、強暴犯、疾駛過來的汽車或外科醫生手術刀的攻擊。如果高度激發的能量沒有被釋放，解離也可能演變成長期且更複雜的症狀。

反覆遭受創傷的人（比如幼童）經常會將解離當作一種首選的生存模式。他們習於游離於自身之外，並且對此完全沒有意識。即使人沒有解離的習慣，也會在被激發或開始產生不快的創傷影像或感知時發生解離。無論如何，解離都很有價值，可幫助人將高度激發中沒被釋放的能量與我們的完整經驗分離開來。與此同時，解離打斷了體驗感知的連續性，讓受創者無法順利化解創傷症狀。我們在此並不想一口否定解離，而是想讓人們更加了解它。

練習

要想瞭解解離是什麼感覺，請舒服坐在椅子上，想像自己躺在一張木筏上，木筏正在湖面飄流。感覺自己正在漂浮，然後讓神魂輕輕飄出身體，像一只緩緩升空的氣球那樣飄到天空，然後觀察正在下面坐著的自己。

這種經驗帶給你何種感受？

你試圖感受自己的身體時出現了什麼情況？

在自己的身體和漂浮感之間進出幾次，感受一下解離的感覺。

有些人覺得這個練習很簡單，但有些人卻覺得很難。正如先前所說，創傷症狀可能依據收縮或解離來組織的。不必驚訝，如果你經常出現解離症狀，鐵定比經常出現收縮症狀的人覺得解離練習比較容易。如果你認為漂浮練習很難，不妨做下面的練習，也許會更容易一些。

練習

舒服坐在椅子上，讓它支撐你的身體。開始練習時，想像你很想去度假的地方。你要悠閒度個長假，完全免費，那肯定是超棒的假期，所以你一定要在心裡仔細挑選最佳的度假地點。現在開始隨心所欲地幻想：

你玩得很開心……

你很享受……

在你準備打道回府之前，請回答這個問題：你在哪裡？

你很可能回答自己最喜歡的度假勝地。你不大可能說自己此刻正在自己的身體裡。

如果你不在自己的身體裡，你就是處於解離狀態。我要在此恭喜你。

再次做這個練習，讓你在解離出現時更能覺察它。別忘了，這些練習不在於避免解離發生，而在於它發生時你可以覺察它。解離時同時意識周圍發生的一切，這完全是有可能的。這種雙重意識對我們開啟治療、重新建立關聯非常重要。如果你不願意學習這種雙重意識，你的生物體可能正在對你發出信號，告訴你解離在你的創傷症狀的形成過程中，扮演重要的角色。如果你感覺內心有股阻力，請尊重自己的感受，要慢慢來。隨時提醒自己，雙重意識是有可能的，你不妨偶爾嘗試一下。

如下所述，解離會以各種方式出現，每一種都會出現常見且基本的分離，這可能是當事人與自己身體的分離、當事人與部分身體的分離，以及當事人與部分經驗的分離。它也可能表現出以下兩個部分之間的分離：

1. 意識與身體。
2. 一部分身體，比如頭部或四肢與身體其他部分。
3. 自我和情緒、想法或感知。
4. 自我和對事件的部分或全部記憶。

解離方式會影響更複雜創傷症狀的形成。此外，似乎有證據指出，人遭受創傷時出現解離，既會受基因影響，也會受人格所影響。

解離衍生的症狀有很多種，比較明顯的是恍惚和健忘。然而，也有某些比較不易被覺察和引發的症狀，包括：

否認，或許是能量層級較低的解離形式。這種分離存在於當事人和他對特定事件（或一系列事件）的記憶或感受上。我們可能會否認某件事曾經發生過，或者可能會表現得好像它根本不重要。舉例來說，如果我們所愛的人過世了，或者我們受到了傷害或遭人侵犯，我們可能會表現得好像什麼都沒發生過，因為我們只要承認事情確實發生，便會感受難以承受的痛苦。然後，突然之間，我們會被強烈的情緒所吞噬。隨著各種感覺再度融為一體，以及被束縛在否認的能量遭到釋放，否認就會被恐懼、憤怒、悲傷或羞愧感所取代。然而，如果被束縛的能量非常巨大，而且感覺讓人過於痛苦，否認就會變成長期性的，人會打死不承認某件事曾經發生過。

身體不適，身體感到微恙，經常是部分或分隔的解離所造成的結果。在這種解離狀態中，身體的某個部分與其他部分失聯。頭和身體其他部分的分離會導致頭疼；經前症候群可能是骨盆部位的器官與身體其他部分的分離所造成的結果。同理，胃腸症狀（像是腸躁症候群）、反覆背痛和慢性疼痛，都可能是部分解離加上收縮所導致的結果。

無助感

無助感與凍結反應（人對不可抗拒的威脅所做出的原始、普遍的生物反應）關係密切。如果過度激發是神經系統的油門的話，不可抗拒的無助感就是剎車。只要閱讀過《瓦特希普高原》（*Watership Down*）[1]，可能會記得兔群在黑暗中見到車頭燈朝牠們靠近時全身會動彈不得，這就是凍結反應。在那部小說中，兔子的這種現象稱為「呆」（tharn）。

汽車的剎車和油門會在不同時間運作，但是在創傷反應中，剎車和油門是同時作用。因為神經系統只會在能量釋放之後才會知道威脅已經過去，所以它會繼續調動能量，直到出現能量開始被釋放為止。與此同時，神經系統會發現系統中的能量過於龐大，生物體無法應對，所以又會踩剎車，而且剎得很緊，整個生物體便會瞬間停止運轉。由於生物體已經完全僵直，神經系統中的驚人能量就被困在裡頭。

此時體會的無助感並非人偶爾會體會到的那種感覺。徹底無法動彈的感覺和無助感並不是一種認知、看法或想像，而是切實存在的。身體無法動彈，這是一種絕望到底的無助感，個體會癱軟到無法尖叫、移動或感覺。在構成創傷反應核心的四大關鍵要素中，無助感是最不可能體驗到的，除非能夠真正經歷危及生命且無法抵抗的威脅。然而，這種深刻的無助感幾乎會出現在創傷事件引發的「崩潰」階段初期。如果你仔細查看你在本章開頭練習中對三個場景所做出的反應，也許能找到無助感的蛛絲馬跡。如果事件是真實的，確實會給人帶來災難，無助感的效應就會被極度放大。等到威脅事件過去之後，強烈的無助和僵直效應會逐漸消退，但不會完全消失。我們一旦受創，始終會感受到這種感覺被凍結在我們體內。

無助感如同過度激發和收縮，乃是對體內生理過程的一種過度反射。當我們的神經

注1：已故的英國作家理察．亞當斯（Richard Adams）所著，描述一群野兔的奇幻小說。

系統在回應危險時切換進入激發狀態，以及當我們無法保護自己或逃跑時，神經系統採用的下一個策略就是僵直反應。幾乎所有的生物都會有這種原始反應，因為它是一種自我防禦策略。後續章節會不斷討論這種有趣的反應，它對心理創傷的發展和轉化會發揮關鍵的作用。

創傷如何形成

過度激發、收縮、無助感和解離，這些都是面對威脅時的正常反應。因此，它們不一定會導致創傷症狀。唯有它們成為習慣和長期存在時，創傷症狀才會形成。這些壓力反應一旦持續存在，就會導致後續的創傷症狀，並使症狀更加嚴重。不用數個月，這些位於創傷反應核心的症狀就會開始融入精神和心理特徵，最終深入受創者生活的各種層面。

簡而言之，人一旦受創，就會很危險。在理想的情況下，本章中的練習配合你的經驗，將會幫助你確認這些反應會給人什麼樣的感受。隨著這些症狀轉化為慢性，過度激發、收縮、絕望感和解離便會共同作用，讓人焦慮到難以忍受。最終，這些症狀會合，導致創傷焦慮，讓受創者醒著（或睡著）時，都會隨時飽受折磨。

我們可透過創傷反應核心的症狀來確認自己受創了，前提是你能夠知道它們會帶來何種感受。隨著這種種症狀變得愈來愈複雜，這四種核心的創傷反應要素便會相互融合。如果你能察覺它們，它們就會幫助你區分哪些症狀是創傷造成的，哪些不是。

第十一章

創傷的症狀

神經系統促使我們去準備面對威脅時，也會進入高度活躍的狀態。如果我們能在積極有效抵禦威脅（或者在威脅性事件發生後不久）釋放掉能量，我們的神經系統就會恢復正常，我們的體驗感知就會圓滿，讓我們感到滿足和覺得自己很英勇。如果我們沒有順利處理威脅，能量就會留在我們體內，並陷入一個會自我延續的困境之中。從生理層面來看，我們的身體和心靈是協同作業的完整系統，一旦察覺外來威脅時，神經系統會被高度激發，我們便知道自己深陷危險了。

感知切實的威脅，就代表有危險，高度活躍的狀態（即使沒有感知）也代表著危險。你不僅會通過自己所見（哪怕是眼角餘光），也會透過生理狀態中的潛意識本能經驗所發出的感知收到危險信號。有威脅的人向你走來，表明你有危險，你的身體也會做出反應，比如心跳加快、腹肌緊繃、對周遭環境的警覺性提高、警覺範圍縮小，以及肌肉張力改變，這些都表明你深陷危險之中。假使這種高度緊張狀態下啟動的能量沒有被釋放，生物體就會認為自己仍處於危險之中，而這種認知的影響是，生物體會反覆刺激神經系統，以便維持和增強戒備和激發的程度。

如果出現這種情況，折磨人的創傷症狀就會產生。神經系統啟動了所有的生理和生物化學機制來面對威脅，但沒有有效應對威脅的機會或手段，它就無法維持這種高度的激發水平。神經系統本身無法釋放能量，這會創造出一種自我持續的啟動迴圈，這種迴圈一旦持續卻沒有終了，系統就會不堪負重。生物體必須設法擺脫這種由危險感知所創造的迴圈以及伴隨而來的激發，以便重新獲得平衡。如果做不到這一點，生物體就會生病或顯得衰弱，因為生物體必須補償如今已經用創傷症狀表露的激發狀態。

症狀

神經系統要補償自我持續的激發狀態時，採用的方式是啟動一系列調整措施，最終束縛和組織能量，使其變成「症狀」。這些調整措施是神經系統的安全閥門。創傷的第一批症狀經常會在致創事件發生後不久便出現，而其他症狀則會逐漸衍生出來。正如先前所述，創傷症狀是能量現象，它們替生物體服務，以有組織的方式去管理和束縛存在於應對威脅的初始和自我持續反應中的巨大能量。

每個人的經驗都不一樣，不可能列出每種已知的創傷症狀。然而，某些症狀的確代表人已經受創，因為多數受創者的身上都有這類症狀。雖然症狀有千百種，但神經系統似乎會比較常出現某些症狀。

一般而言，某些創傷症狀會比較早浮現，像是上一章探討過創傷的初期症狀（創傷反應的核心）：

- 高度激發
- 收縮
- 解離（包括否認）
- 無助感

其他與上述症狀同時出現或隨後不久就會出現的初期症狀包括：

- 高度警覺（隨時處於「戒備」狀態）
- 侵入式影像或瞬間重歷其境
- 對光線和聲音極度敏感

- 高度活躍
- 誇張的情緒或吃驚反應
- 做惡夢和夜晚受驚
- 突然的情緒波動：比如暴怒或發脾氣和感到羞愧
- 比較無法承受壓力（容易或經常焦躁不安）
- 難以入睡

在上面的症狀中，有好幾種也可能會出現在創傷發展的下一階段或者上一階段。這裡列出來的並非用來診斷，只是約略讓你知道創傷會有何種症狀。後續會出現的症狀包括：

- 恐慌症發作、有焦慮症和恐懼症
- 精神「空虛」或「恍惚」
- 極為誇張的吃驚反應
- 對光線和聲音非常敏感

- 高度活躍
- 誇張的情緒反應
- 做惡夢和夜晚受驚
- 逃避行為（逃避某些情況）
- 喜歡身處危險的境地
- 經常哭泣
- 突然的情緒波動：比如暴怒或發脾氣和感到羞愧
- 性行為誇張或性行為減少
- 有健忘症
- 失去愛戀、養育或與他人建立聯繫的能力
- 比較無法承受壓力（容易或經常焦躁不安）
- 難以入睡

最後一組症狀通常要花較長時間才會出現，其他症狀會比它們更早出現。你可能會

發現，有些症狀出現在所有的列表。至於生物體會出現哪些症狀或者何時會出現症狀，並沒有什麼固定的規則。要記住的是，這些列表沒有列出所有的症狀。會在最後出現的症狀通常包括：

- 極度內向
- 情緒反應消失或變弱
- 無法全心投入
- 長期虛弱或無精打采
- 免疫系統或內分泌出現問題，好比甲狀腺失調
- 身心症，尤其是頭疼、頸部和背部問題、哮喘、消化問題、痙攣性結腸和嚴重的經前症候群
- 憂鬱、感覺末日來臨
- 去依戀感、疏離感、孤立感——有如行屍走肉
- 了無生氣
- 害怕死亡、發瘋、壽命減短

- 經常哭泣
- 突然的情緒波動：比如暴怒或發脾氣和感到羞愧
- 性行為過度誇張或性行為減少
- 有健忘症
- 有無助感、行為茫然
- 失去愛戀、養育或與他人建立聯繫的能力
- 難以入睡
- 比較無法承受壓力或制訂計畫

這些症狀顯然都不是只由創傷所引起，而且並非表現出以上一種或多種症狀的人就是心理受創了。舉例來說，人得了流感，有時也會萎靡不振或腹部不適，這些都與創傷症狀相似。然而，兩者是有所區別的，流感症狀通常幾天之後就會消失，但創傷症狀不會。創傷症狀有時非常穩定（一直存在）、有時則不穩定（來來去去），或者會潛伏數十年。一般而言，這些症狀並非單獨出現，而是會成群出現。這些「症候群」通常會逐

漸變得愈來愈複雜，而且愈來愈與原始創傷經驗沒有關聯。雖然某些症狀會暗示有某種類型的創傷，但沒有哪種症狀可斷定是由哪種創傷所造成的。不同的人會出現不同的創傷症狀，一切取決於創傷的性質和嚴重程度、創傷發生的情況，以及個體在經歷創傷時可用的個人和發展資源。

我們一繞再繞

放鬆使我緊張。

——無名氏

我先前不斷重複提到，若是沒有化解激發，人對危險的感知便會創造一個自我持續的迴圈。創傷症狀有不少有害特徵，其中之一是它們會以一種特定方式與原始迴圈連結，讓它們得以自我持續。由於有這種特徵，多數療法都無法治療心理創傷。對有些人來說，這種自我持續的迴圈使他們的症狀穩定存在。有些人則會發展出了一種或多種的其他行為或體質（這些都被視為創傷症狀），藉此幫助神經系統控制局面。

迴避行為（avoidance behaviors）。心理創傷症狀是生物體的自我防禦方式，使其免受始終存在的威脅感知所導致的激發狀態所傷害。然而，這種自我防禦系統不夠發達，經受不起太大的壓力。壓力會讓這個系統崩潰，從而釋放原始的激發能量以及危險訊息。不幸的是，如果我們有創傷後遺症，只是逃避造成壓力的情境並不足以避免自我防禦系統崩潰。假使我們小心翼翼地避開激發，我們的神經系統卻會自己創造出激發來。一旦發生這種事，我們就無法輕易擺脫每天的挫敗所帶來的影響。如果我們的神經系統能正常發揮功能，我們原本是可以輕鬆做到這點的。

普通的情況也會擾亂受創者神經系統中脆弱的能量組成。受創者也許會出現所謂的「迴避行為」，以此控制體內潛在的激發狀態。回避行為是一種心理創傷，受創者會避免自己被激發。他們擔心遇到另一場類似的車禍，就會不想開車。如果他們看球賽時，因為球場的亢奮場面而讓恐慌症發作，他們可能就不再喜歡看球賽了。如果他們做愛時有瞬間重歷其境，就可能覺得性索然無味。任何會使他們能量水平常態發生變化的事件，都可能會讓他們有不舒服的情緒或感知。他們會逐漸避免任何可能會改變能量平衡的常態事件，於是生活圈子就會愈來愈狹窄。

害怕負面情緒。當能量平衡常態改變之後，我們會再次經歷致創事件，而此時情況會變得更為複雜，因為我們正在經歷的事情，其部分誘因在於我們對於釋放的能量本質困惑不解。

其實，我們神經系統會產生能量來保護我們，使我們避開危險，這些能量至關重要，它會讓我們充滿活力以及使我們興奮。如果這些能量無法保護我們，其中很大一部分的能量就會轉化為恐懼、憤怒、仇恨和羞愧，導致各式各樣的創傷症狀，而這些症狀就是用來組織未被釋放的能量。這些所謂的「負面」情緒不但與這種重要能量密切關連，也和構成創傷後遺症的其他症狀息息相關。

我們遭受創傷折磨時，這種生命能量與負面情緒會緊密結合，讓我們無法加以區分。我們需要釋放能量，但能量真正釋放時，其影響卻讓人恐懼和難以忍受，部分原因在於被釋放的能量是被視為負面的。因為我們害怕，所以我們往往會壓制這種能量，或者至少不會將其完全釋放。

藥物治療和物質濫用。心理受創者可以穩定或抑制創傷症狀的另一種方法是依靠藥物治療。我們經常聽從醫生的建議而嘗試這種方法，或者我們也許自我治療（物質濫用）。

無論我們採取何種穩定的方法，都是為了創造穩定的環境。要達成這項目標，我們需要一個「容器」，它要具備足夠的能量，強大到所有置入其中的症狀都不會受到刺激或挑戰。這些「容器」就像堤壩，必須構造精良，以免可怕的恐懼和原始而不受控制的憤怒從其中洩露出來。受創者經常覺得自己彷彿站在一個無法控制的跑步機上。我們也許被迫避開那些能夠喚起真正興奮和放鬆的情境，因為這些情境都可能會打破創傷症狀所需要維持穩定的平衡狀態。

脫離迴圈

有些方法可以使我們脫離這些自我持續的迴圈，「身體經驗創傷療法」就是其中之一。在我們學習藉由創傷症狀、而非致創事件去找出創傷的過程中，我們可以形成一些觀點，讓我們可以在創傷出現時認出它們。如此一來，我們必能順應自己的天生反應，不會阻礙我們自然的療癒過程。

恢復健康與活力之旅絕非一蹴可幾。然而，任何一步，無論多麼微小，都十分重要且關鍵。與我們在成長和發展之路上經歷的其他旅途不同，這趟旅程是有終點的——在我們化解創傷之後，生命會更豐富和圓滿。我們就算身心健康且充滿活力，都可能難以應付生活；一旦我們心理受創，就更難面對生活了。後續幾章會指出，當我們每跨出一步，這些都會成為我們的資源，讓我們可以加以利用來療癒自己，而我們只要順應本我，就能達到痊癒的目的。

創傷後遺症演變為長期病症之後，我們便對自己身體失去了掌控權。然而，的確有一種辦法可以讓我們重新掌控身體。有意識地刺激神經系統，使其逐漸進入激發狀態，然後緩緩將激發釋放出去，這是有可能辦到的。別忘了，高度激發及其關係密切的機制，全都是神經系統在應對威脅時，出於本能而調動的能量所直接導致的結果。這些機制源於神經系統，你可以從體內去感受它們。要想與這些機制相互合作，祕訣正在你體內：你要讓神經系統全部參與進來，並且透過體驗感知來利用神經系統。

第十二章

受創者面對的現實

本書的前提是，創傷乃是自然生理過程的一部分，而這個過程礙於某種因素而未完成。創傷並非主要是個體人格的衍生物，至少起初並非如此。

第十章討論創傷的四大基本症狀，包括過度激發、收縮、解離和無助感。這些症狀可直接歸咎於人面臨攸關生死事件時無力應對而產生的生理變化。本章將追蹤這些症狀的經驗。

無處可尋的威脅

最能讓我們看清心理創傷經驗的症狀，莫過於高度警覺。高度警覺是過度激發直接且即時的表現形式，亦即人面對威脅時的初始反應。它會影響人的定向反應，這種影響令人極其痛苦，會讓受創者持續恐懼、癱瘓和陷入受害的體驗之中。

人一遇到危險，初始的反應就會伴隨過度激發。當過度激發激起強烈而不可遏制的定向反應時，高度警覺就會出現。被扭曲的定向反應非常強大，迫使個體身不由己去尋找威脅來源，而它是人體內在激發引起的一種反應，並非人體察覺到外部威脅所導致的結果。

如果激發持續下去（因為釋放它會太讓人心生恐懼），我們就會發現自己處於必敗的情況。我們會身不由己去尋找威脅來源，但這種強迫行為卻是我們體內產生的；此外，即便找出外在威脅，這種強迫的高度警覺狀態卻仍會持續，因為體內的激發仍然存在。我們會很執著地去尋找威脅來源（它在哪裡？）並確認它（它是什麼？），因為這種原始的定向反應，其職責就是在神經系統被激發時從事這檔事。然而，問題在於，威脅通常就不存在。

我們面對初始威脅而自我防禦失敗時，就會產生多餘的能量。高度警覺就是我們處理這些多餘能量的其中一種方法。我們利用高度警覺，將某些多餘的能量導入頭部、頸部和眼部的肌肉中去持續不斷搜索危險的事物。當我們的理性大腦和依舊存在的內部激發結合之後，它就變得不理性，它們會開始搜索並確認外部危險。這種不良的做法會把大量能量導入某項具體活動，而這種活動會益發重複和具有強迫性。在高度警覺的狀態下，所有的變化（包括我們體內狀態的變化）都會被視為威脅。毫無根據的妄想症／偏執狂其實可能是我們詮釋激發所引起的興奮，但也可能是飲料所含的咖啡因產生的。

隨著凍結反應逐漸固化，高度警覺和自我防禦傾向也會愈來愈強烈。高度警覺的人始終處於高度警戒狀態，因此也許會顯得有點鬼鬼祟祟，面露懼色或者不時睜大眼睛。他們會愈來愈疑神疑鬼，身處安全的地方卻總是認為有危險，而且會失去好奇心、感受不到愉悅和快樂。所有的這一切都是因為他們內心深處沒有安全感。

因此，他們會一直坐立難安，隨時準備啟動自我防禦反應，卻又無法有條不紊施展出來。他們會不由自主地尋找不存在的威脅，甚至察覺不到眼前的真實威脅。神經系統可能會過於活躍，變得無法緩和下來。因此，行為節律和生理規律（比如睡眠週期）也許會產生紊亂。人將無法放鬆，甚至於在感到非常安全時都無法放鬆。

泰勒夫人

M．K．費舍爾（M.K. Fischer）撰寫的短篇故事〈風寒因數〉（"*The Wind Chill*

Factor”）中有一位人物，就是泰勒夫人，她生動且準確展現出高度警覺是如何運作的。泰勒夫人是一位醫生，暴風雪肆虐之際，獨自一人待在朋友位於海上的小屋。「她迷迷糊糊睡著了，感到舒適溫暖，絲毫不擔心外頭正颳著狂風暴雪。黎明降臨之前，她感覺自己彷彿被人猛力撕扯著長髮，於是甦醒過來，恢復了意識。」泰勒夫人心怦怦跳，幾乎要跳到喉嚨裡。她身體發燙，雙手卻冰涼濕冷，她徹底陷入了恐慌，但她理性的認為，這並不是生理上的恐懼。「她不怕獨自一人，也不怕被風雪圍困，更不怕遭受攻擊、被強暴之類的事情……但她就是恐慌。」一股排山倒海的衝動湧上泰勒夫人的心頭，她想要逃離，但她告訴自己：「待在屋子裡頭才能活下去，一跑出去的話，只能大聲叫喊，翻過幾座雪丘，然後死在浪裡風裡。」

泰勒夫人的恐慌顯然出自內心。套用俄國文豪杜斯妥也夫斯基（Dostoevski）在《地下室手記》（*Notes from the Underground*）所說的話，人若是無法向自己解釋身上正在發生什麼事，就無法活下去。如果有一天他們無力向自己解釋清楚任何事，他們會說自己發瘋了，而對他們來說，這就是最後的解釋了。美國現代心理學家保羅·津巴多（Paul Zimbardo）呼應杜斯妥也夫斯基的看法，因此寫道：「精神疾病通常不代表人有認知障礙，而是他們（嘗試去）解釋不連貫或無法解釋的內心狀態卻未能成功。」多數人認為無法解釋的經歷，都必須找到合理的解釋。

泰勒夫人需要找到自身恐慌的來源，而這是對強烈的內在激發所做出的正常生物反應。其實，定向反應的目的在於確認我們經歷中的未知事件。如果未知事件可能會威脅我們，弄清楚它就特別重要。然而，假使無法正確找出威脅我們的事物，受創者就會在不經意之際自設陷阱，掉入其中而無法自拔。

杜斯妥也夫斯基和津巴多指出，人類發現自己經歷的某些事情無法解釋，就會很難接受。一旦原始的定向反應被啟動，我們就會身不由己地去尋找一套解釋。如果找不到解釋，我們經常不會運用強大的認知能力去看清正在發生的事情。即便我們真的能夠清醒思考，我們的認知能力也無法完全壓過要確定我們痛苦根源的原始需求。反之，如果身體或心靈順利確定了痛苦的來源（正如第二章南西的例子），確定危險來源的原始需求就會得到滿足。然後，自然而成功的自我防禦反應就會出現，讓整個經驗圓滿完成。對許多人來說，這是向療癒創傷邁出了一大步。

然而，我們通常會運用認知能力去進一步把事情弄明白，對事情給個說法或記住這件事。在我們這樣做的過程中，我們便將自己跟這個經驗隔得更遠了。這種隔離好比是肥沃的土壤，創傷的種子會在其中生根發芽。動物無法確定激發來源時會凍結，而非逃跑。當凍結反應凌駕泰勒夫人的極度逃跑衝動時，她會（使用自己的大腦新皮質）去理性思考，覺得離開屋子的話，她就會死掉。她不僅解釋不了自己的極度生理激發，還讓自己進退兩難，說服自己逃出房子就會死掉。泰勒夫人於是進入恐懼引發的僵直狀態，讓自己困在一張自設的緊密羅網裡。

泰勒夫人跟兆吉拉的那些孩子一樣（請參閱第二章），害怕逃離勝過害怕被困。她的新皮質想要解釋卻徒勞無功，而她的爬蟲類大腦卻迫使她去採取行動。在恐懼和自掘墳墓的困惑中，泰勒夫人最終會全神貫注於自己急促的呼吸，將其他事情拋在腦後。當她最後拋卻想要理解的需求時，便會讓自己的爬蟲類大腦完成活動過程，釋放體內聚集的異常水平能量，沒有人告訴我們為何會有這種能量，甚至泰勒夫人自己都沒有意識到這種能量。幸運的是，對她（以及對我們所有人）來說，知道與否都沒關係，透過全神貫注於呼吸傳遞的體驗感知，泰勒夫人釋放掉了體內能量，而她會感到恐慌，正是由於這股能量。

無法合成新資訊／無法學習

高度警覺的一個固有特質就是欠缺正常的定向反應（請參閱第七章），這會給心理受創者造成嚴重的後果。首先，它會損害我們有效運作的整體能力，不僅是那些需要積極防備的應對能力。定向反應的部分功能是當我們意識到新資訊時能夠確認它。如果這種功能受損，無論新資訊量大或量小，都會讓我們感到困惑以及覺得負荷過重。這種情況下，新資訊不會被吸收並供將來使用，而是會堆積起來，資訊會變得雜亂而無用，重要的資訊會被放錯位置或者遭到遺忘，大腦會無法以合理的方式去組織資訊。它不是保留沒用的資訊，而是「遺忘」了資訊。人在這種困惑之中，任何問題都會使局面變得更為複雜，原本很稀鬆平常的情況會發展成可怕的惡夢，讓人感到沮喪、憤怒和焦慮。

舉例來說，我若是忙著整理桌上的論文，燈突然熄滅了，我就無法從容不迫地處理這個突發事件。我會跳起來，以為有人闖進我家裡來了，這種不理性的想法會迅速從我腦中閃過。我知道這可能是自己在胡思亂想，但我會驚慌失措，把那原本疊得整整齊齊的重要文件撞翻在地。一股不理智的盛怒會湧上我的心頭，我會浪費精力，猛捶桌子。

此時，毫無益處的想法會圍繞我的腦海：後門鎖了沒有？誰該去繳電費？「猛撲」（我養的狗）是待在屋裡或跑到外頭去了？我會找到火柴，點了一根，讓微弱的光線照著凌亂的桌子。電費帳單跑哪裡去了？我分散了注意力，忘了手裡還握著正在燃燒的火柴，火苗燒到我手指，我立即扔下了火柴，我的文件立即著火，一陣恐懼傳遍我的全身，我突然動彈不得，無法採取任何行動。

幾秒鐘之後，我逐漸有了行動能力，但我處於僵直狀態，顯得笨手笨腳。我笨拙地去撲打火苗，但效果不彰。我意識到自己動作笨拙，可能會讓局面變得更危險，所以我更加發狂，為了控制局面，竟然抓起那幾頁已完成的草稿去撲火，但是當我意識到這點時，為時已晚。火苗自己逐漸熄滅。我又開始試圖整理亂七八糟的桌子。那些文件跑哪裡去了？我將這個東西放在這裡了嗎？電費帳單在哪裡？我無力理解找到的東西有何意義，雖然我的朋友經常建議我該如何更有條理，但我仍然我行我素。我還能做什麼呢？在這種狀態下，我無法學習，無法學會新行為，無法掙脫控制我生活的痛苦模式。我無法制訂計畫或整合新資訊，我被剝奪了選擇權，因此無法減少生活的雜亂和失序情況。

長期的無助感

凍結、定向和自我防禦反應固定之後會逐漸消退，然後大致沿著預定的功能失調之路發展，此時人就會長期感到無助。過度警覺、無法學習新行為，再加上長期的無助感，這三者都是心理受創者的常見特徵。隨著無助感逐漸成為生活中無法擺脫的一部分，心理受創者會很難表現出不無助的模樣。

所有受創者或多或少都會經歷長期的無助感。因此，在新的情境下，他們很難全然的融入參與。對於那些正在經歷無助感的人，幾乎都無法逃脫或邁步向前，成為了思想與自身想法和自我形象的受害者。受創者用激發去針對某個事件或刺激做出生理反應時，並不會像平常人那樣進入定向和自我防禦反應。反之，他們會直接從激發狀態進入僵直和無助狀態，跳過其他情緒和正常的反應順序，讓自己成為創傷的受害者，等著一遍又一遍受苦。

心理受創者無法做出正常的定向反應，所以受到威脅時便無法順利逃脫，哪怕當時仍有逃脫的可能，他們甚至看不到這種可能性。

激發與僵直緊密聯繫，幾乎難以分開。激發導致了僵直，僅此而已，他們只要受到激發，都會自動感到僵直和無助，人的身體狀態也確實如此。我們也許會分泌腎上腺素，讓自己能夠奔跑，但無助感卻非常強大，讓我們找不到出口而無法逃離。這種現象經常出現於強迫性的關係中，我們也許知道自己想要離開，但恐懼和僵直會壓制我們與環境最原始的聯繫，讓我們身不由己地留下。我們不會做出正常的定向和自我防禦反應（也無法感受到這些反應帶來的樂趣和活力），反而會感到焦慮、強烈的無助感、羞愧、麻木、壓抑和人格解體（depersonalization）[1]。

譯注1：又譯成去人格化或自我感喪失。

創傷耦合

在創傷耦合（traumatic coupling）中，一個刺激會與特定反應緊密連結，凌駕正常導向的行為，這種刺激引發了一個特定的反應，無一例外地，我們實際上不會經驗到其他的感受（或用反應）。舉例來說，未受創的人在服用育亨賓（Yohimbine）[2]之後，只會心跳加快和血壓上升，然而，罹患創傷後壓力疾患的退伍軍人則會出現不同的反應，他們不僅是將其當成身體感受，還會再次體驗戰場的恐怖和悲慘景況，這就代表有創傷耦合。對退伍軍人來說，激發和伴隨僵直反應的情緒（恐懼、驚駭、憤怒和無助）是密不可分的。

另一個常見的創傷耦合是受創者在性高潮時會恐慌。性高潮導致恐慌、僵直和無助，而非強烈的快感。這也許會讓人誤以為他們遭受性虐待，但他們的反應其實是創傷耦合所引起的。

創傷性焦慮

沒有哪個宗教法庭大法官會這樣隨時隨地受焦慮折磨……他始終無法逃脫這折磨，無論他分散注意力、聆聽外界雜音、埋首於工作或拼命玩樂，焦慮依舊如影隨形跟著他，白晝如此，黑夜也不例外。

——丹麥哲學家索倫・齊克果（Soren Kierkegaard）

激發狀態無法消退、危險感縈繞不去、沒完沒了尋找危險來源、無法找到危險來源、解離、無助感，這些元素統加起來便構成了創傷性焦慮。如果我們無法走出僵直反應，就會得到下面的生物訊息：「你的安危未定。」這種死亡即將降臨的感覺會在憤怒、驚恐、恐慌和無助的作用下大幅加劇。這些因素合在一起，會製造出所謂的創傷性

譯注2：治療性功能障礙的處方藥。

焦慮。

「fear」（恐懼）一詞源自古英語的「危險」一詞，而「anxious」（焦慮的）一詞則來自希臘字根，意思是「壓緊的」（press tight）或勒死。

創傷性焦慮經驗有如深入骨髓的深刻，遠超出我們常說的焦慮體驗。高度激發狀態、創傷症狀、害怕走出或完全進入僵直狀態以及惶恐不安、總覺哪裡出錯的感覺，這些加在一起，會讓人持續處於極度的焦慮狀態，而心理嚴重受創者會一直感受到這種焦慮。正如我們比水中魚兒更能意識到水的存在，受創者周遭的人可能會比他們本人更清楚覺察到他們的焦慮。創傷性焦慮的表徵是緊張、煩躁和擔憂，總給人感覺「緊張易怒」。心理受創者會經常恐慌和懼怕，遇到雞毛蒜皮的瑣事便大驚小怪，這些病症並非他們本來的性格，而是表示他們的神經系統暫時或長久處於崩潰狀態。

身心症狀

創傷症狀不但影響人的情緒和心理狀態，也會有害身體健康。如果你身體不適卻找不到病因，很可能是壓力和創傷讓你生病。創傷會讓人變盲、變啞或變聾，也可能讓人的雙腿、手臂或四肢癱瘓，甚至會讓人長期脖頸和背部疼痛，導致慢性疲勞症候群，也會使人罹患氣管炎、哮喘、胃腸問題、嚴重的經前症候群、偏頭痛和一系列所謂的身心疾病。任何的身體系統只要困住創傷導致的激發，都有可能產生病症。受困的能量不會放過任何機會去傷害我們的生理機能。

否認

許多心理受創者對自己的創傷症狀逆來順受，從未設法重新恢復正常、讓自己過得更健康。「否認」和「失憶」在這種強化順從狀態中，扮演著重要角色。

我們也許會忍不住批評否認自己心理創傷的人（他們會聲稱並沒有發生過致創事件），但重要的是要記住，否認本身就是受創的一種症狀。否認和健忘是心理受創者刻意做出的主動選擇，這些症狀並不能表示他們意志薄弱、有人格障礙或刻意隱瞞真相。這種功能失調成了受創者的生理模式。在致創事件發生時，否認能夠讓他們保留運作和生存的能力。然而，否認一旦變成長期性的，它就成了創傷的一種病態症狀。

要逆轉否認或健忘，需要極大的勇氣。逆轉時釋放的能量可能非常巨大，不容小覷或輕視。逆轉過程是受創者的人生重大時刻。

葛萊德絲的故事

葛萊德絲（Gladys）的故事看似不合理卻是真實的，而且若從典型的否認切入，這一點都不足為奇。透過家人、朋友和專家的幫助和支持，可讓受創者擺脫否認或健忘，但受創者何時會甦醒，端賴他的生物和生理狀況。葛萊德絲是被其他醫生轉診到我這裡來的，而那位醫生當時為她治療甲狀腺的問題。葛萊德絲會反覆劇烈腹痛，但那位內科醫生一直找不出病因。我第一次見到葛萊德絲，發現她很緊張害怕，而且兩眼睜大，她的模樣給我留下了深刻的印象。她的眼睛似乎要從眼眶裡凸出來，這不但表示她有甲狀腺機能亢進的問題，還代表她處於恐懼和長期的過度警覺狀態。我問葛萊德絲是否感到恐懼或者曾受過心理創傷，她回答我說沒有。

我知道人有時候會否認自己受過創傷，所以我換了一種說法，問她最近五年內是否經歷過特別讓她害怕或難過的事情。葛萊德絲又再一次否認。我試圖讓她放鬆下來，隨意聊起最近的一項研究，說那項研究指出不少人曾在最近五年內經歷過讓他們害怕的事情。

「嗯，沒錯，」她回應道。「我幾年前被人綁架過。不過我並沒有那麼害怕。」

「你一點都不害怕？」

「是的，一點都不害怕。」

「事情是怎麼發生的呢？」

「我當時跟幾個朋友去科羅拉多州滑雪，原本大家要一起出去吃晚餐。有個男的開車過來，打開車門，我就進去了。但他並沒有去那家餐廳。」

「你當時不害怕？」

「不害怕，就是一次週末滑雪。」

「他帶你去了哪裡？」

「去了他家。」

「他沒有去那家餐廳，反而把你帶到他家。你不害怕嗎？」

「不害怕。我不知道他為什麼要帶我去他家。」

「哦。接下來發生了什麼？」

「他把我綁到了他的床上。」

「那很可怕嗎？」

「一點都不可怕。其實也沒有發生什麼。他只是威脅我。嗯，也許我有點害怕。他家的牆上掛著各種各樣的刀和槍。」

「但你並不害怕？」

「不害怕，什麼事都沒發生。」

葛萊德絲那天離開時外表很平靜。她說自己被綁架時和在任何時候都沒有受到驚嚇，看來這種想法還左右著她。她再也沒有回來我這裡看診。

葛萊德絲的故事有點極端，但這就是典型的否認。否認一直將受創者控制在自己的魔爪之下，直到保衛身體系統的原始過程放手為止。我們可能某天會因為感到安全、或者因為另一事件而啟動了那段「記憶」，甚至因為我們的身體說「夠了」，我們就能走出否認的陰影。雖然朋友、至愛之人和治療師確實可以做些事情來提供幫助（好比介入治療），但這些治療能否成功，掌握時機乃是其中的關鍵。

創傷倖存者會遭遇什麼？

小女孩若被父親猥褻，就會僵硬地待在床上，因為她無法逃跑來躲開這種經歷帶來的恐懼和羞恥感。這個孩子的積極自我防禦逃跑反應受挫之後，她對於適應正常刺激的能力就會發生變化。她不會再有好奇心或做出預判，會礙於恐懼而拘謹呆板。「正常」

的孩子聽到腳步聲之後，便會提高警覺，迅速做出預判，這位曾遭猥褻的小孩卻會因為恐懼而身體僵硬。

當孩子不斷遭受猥褻，他們會習慣性地進入僵直狀態。然而，對於受威脅的孩子來說，僵直會變成他們創傷的一種失調症狀。孩子們會在心理和生理上雙重受害，無論他們處於何種情境，都無法從僵直跳到積極逃脫。他們會覺得非常無助和感到羞恥，於是一旦受到攻擊和面臨壓力時，根本沒有任何資源來保護自己。

人只要反覆被壓垮，都會進入焦慮和無助狀態。此外，他們會把這種無助感帶入其他被他們視為威脅的情境。他們會做出感到無助的「決定」，於是繼續以各種方式向自己和他人證明自己是受害者。他們會向無助感屈服，哪怕自己完全能夠掌控局面時也依然如此。有時候（在所謂的反恐懼反應〔counter-phobic reaction〕中），他們也會故意營造危險局面，藉此證明自己沒有討厭自己的那一面。無論是哪種方式，他們都會表現出他們是受害者，而且他們的行為會讓他們進一步受害。

職業罪犯指出，他們會利用肢體語言去挑選受害者。他們憑藉經驗，知道有些人比較不會自我防禦。他們會看哪些人的肢體動作僵硬、不太協調，便可找出潛在的獵物。

最後一個轉彎

隨著創傷症狀愈來愈複雜，它們會將受創者的所有經驗都納入其中的網絡之中。這些症狀有其生理基礎，但它們順著螺旋式下降發展到最後一個轉彎處時，就不僅會影響我們經驗中的心理層面，而且會實際驅動它們。最讓人恐懼的是，這種影響通常是我們意識不到的。

我們可能無法充分意識到創傷的影響，但它無疑在積極運作。創傷會暗地影響我們的行為動機和動力。這就表示兒時被人毒打過的孩子，長大後可能會有施暴的衝動，驅使他打人的能量就是遺留在他創傷症狀的能量。除非能量被釋放出去，否則只能靠強大的意志力去克制這種潛意識的衝動。

驅使過往創傷事件反覆重現的現象稱為重現／再現（re-enactment）。這種症狀決定創傷症狀螺旋下降發展的最後一個轉彎。對個體、社會和全球社群而言，重現其實更有強迫性、更神祕莫測，以及更具破壞性。

第三部分

轉化

第十三章

重複的藍圖

重現

我們對此絲毫不感到驚奇。

——西格蒙德・佛洛伊德（Sigmund Freud）

完結和治癒創傷的動力，跟創傷症狀一樣有同樣強大的力道，也一樣頑強無比。透過「重現」或「再現」去化解創傷的衝動往往強烈而令人難以抗拒，我們會身不由己，被捲入與模仿原始致創的場景，相似度或許會很高，但或許不會很高，常見的例子是童年曾遭受性侵的性工作者或脫衣女郎。我們也許會發現，自己會藉由身體症狀或與外部環境間全面互動去經歷創傷的影響。「重現」也許會發生在親密關係、工作場景、重複顯現的車禍或災難場景，以及其他看似隨機的事件，也可能會以身體症狀或身心疾患的形式表現出來。受過創傷的孩童經常會在玩耍中反覆看到經歷重現，發展更完整的成年人則會在日常生活中重現創傷情景。無論個體年齡如何，這種機制都是類似的。

從生物學觀點來看，像重現這類影響巨大且強迫性十足的行為屬於「生存策略」

（survival strategies）的範疇。這就表示這類行為是經過選擇的，原因是在於，縱觀歷史，它們有利於物種綿延不絕。然而，重現經常會帶來危險，讓受創個體和整個社會備受困擾，它究竟對於人類的生存有何種價值呢？

說到生存知識，人就得快速且有效地瞭解環境並從環境中學習。學習和再學習的欲望必須具有強制性。野生幼獸最初能夠逃生，經常只是「初生之犢走運」而已，它必須發展出能夠提升逃命機率的行為，因此整個學習時間會非常短暫且密集。

為了加快學習過程，我相信動物在被激發的生存能量釋放以後，會「回顧」每一次與掠食者的近距離遭遇情況，同時練習可能的逃脫方式。我曾在Discovery頻道看過這種範例，三隻獵豹幼崽快速改變逃跑路線，爬上了一棵樹，躲過了獅子的追擊，過程可謂九死一生。等到獅子離去之後，這幾隻獵豹幼崽從樹上下來，開始玩耍，每一隻輪流扮演獅子，其他兩隻則練習不同的閃躲技巧，牠們急速轉彎，閃躲騰挪，然後飛速爬上樹木，一直玩到母獸從遠處掠食歸來。然後，這幾隻幼崽非常自豪，在母親身旁蹦蹦跳跳，似乎在說牠們先前順利在死神的利爪下死裡逃生。

我認為重現的生物學根源便發生在正常化的「第二階段」，也就是透過玩耍去練習自我防禦策略。這種天生的玩耍生存機制是如何演變成經常帶來悲劇的病態且激烈的創傷性重現呢？這是一個有待回答的重要問題，不僅值得受創者深思，也值得整個社會思索。人若是沒有化解創傷，便會反覆去重建掌控感，可惜經常徒勞無功，所以人類社會就會存在揮之不去的暴力，其中有許多都是未化解的創傷所帶來的直接或間接後果。

獵豹幼崽在逃脫獅子追捕的過程中會釋放體內調動的多數強烈生存能量（第一階段）。牠們躲過一劫之後，顯得興高采烈，然後，牠們會進入第二階段，開始「玩遊戲」，回顧先前的經歷，逐步走向精於脫逃的地步，在這過程中也許還會感到自豪和擁有力量的感覺。

我們來檢視一個比較常會發生在人類身上的場景：你開車的時候，看到一輛車直接向你衝來。

> 你的身體出於本能會活躍起來自我防禦。當你幾個甩尾快轉躲過一劫之際，你感覺到體內劇烈的能量正在釋放，然後發現來車是福特的水星美洲獅跑車。你劫後餘生，心情超棒，便把車停到路邊，發現自己剛剛釋放了許多能量，卻仍然感到精力充沛。你將

意識集中到體驗感知，發現下巴和骨盆仍在微微顫抖，而這顫抖很快就傳遍全身。你釋放能量時，感到手臂和雙手有點熱，而且有刺痛感。你現在更鎮定一些了，便開始回顧整個事件。你腦海會「放映」不同的場景，然後認為自己剛才的自我防禦策略雖然成功，但還有其他可用的應對策略。你記下不同的策略，然後開始放鬆。你開車回家，將發生的事告訴家人。你頗感自豪，重新講述你遇到的意外狀況，感覺自己彷彿充滿了能量。家人看到你安然無事，不但為你慶賀，也替你高興。他們關懷你，讓你深受感動，你也感受到他們的溫暖懷抱。此時，你突然感到很疲憊，決定吃晚餐以前小憩一下。你現在很鎮定，也很放鬆，立刻就睡著了。當你醒來時，整個人充滿了活力。這個事件就此打住，你一如既往，帶著往常的自我感覺繼續生活。

不幸的是，人經常無法完全釋放自我防禦時啟動的巨大能量。因此，人一旦進入第二階段去回顧事件時，仍然會處於高度激發的狀態。由於人還有這種高強度的能量，他們便不可能以「玩耍的方式」回顧先前發生的事，反而會經歷瞬間重歷其境，畫面令人恐懼且難以抵擋，而這種重現猶如重新經歷先前的事件。在第十六章的〈車禍發生後的治療情境〉章節中，我將探討人對於能量釋放不完全的最常見反應。多數人會試圖內化未被釋放的生存能量，企圖以此控制它們。這種方法比較被社會所接受，但其實跟「外現」一樣激烈，而且也不能有效應對高度緊張的啟動狀態。重要的是，我們必須明白，內化本能的自我防禦過程其實是一種「重現」，也許可以稱為「內演」。出於好幾種原因，美國文化更偏好個體對自己施加暴力，因為社會結構若能自我控制，顯然比較容易加以維持。然而，我認為另一種更有說服力的理由（亦即我們喜歡把解決威脅生命事件的傾向或習性內化，否認自己有這種需求），但這種理由隱而不露。最近有愈來愈多的暴力行為「外現」，從好處來看，這就迫使我們去面對下面的事實：創傷後壓力症候群無論其表現為「外現」或「內演」，其實都算嚴重的健康問題。讓我們來看一個「外現」情況：

你開車的時候，看到一輛車直接向你衝來。你的身體瞬間緊張起來，你感到恐慌，身體僵直不動。你一動也不動，無路可逃，只能聽天由命。你感覺一切都失控了……然後，在最後一刹那，你奮力擺脫了恐慌，快速打了方向盤，避開迎面而來的汽車。你與對方擦身而過時，你發現那輛車是水星美洲獅跑車。你將車開到路邊停下，心怦怦地跳動，不停大口喘氣。當你努力恢復情緒時，一陣「興奮感」轉瞬即逝，隨後是強烈的激發感。這種能量使你恐懼，然後你會逐漸憤怒起來，這種憤怒對你有好處。你開始將怒火發洩到那個差點害死你的笨蛋身上。你的心臟仍在怦怦直跳，各種思緒仍飛速閃過。你發現自己雙手冰冷，仍緊緊抓著方向盤。你幻想著自己用盡全身力氣去掐死那個傢伙。你仍然很緊張，剛才的一幕幕在眼前閃現（第二階段開始了，但你仍然非常亢奮），恐慌感又再度湧現。你的心仍然劇烈跳動。你逐漸失控，感到自己又在憤怒。憤怒成了你的好夥伴，它幫助你維持一種一切都在你掌控之中的假象。

你又想起那個笨蛋，他把你這一天都毀了。你想知道他現在是否經歷跟你一樣的情況。你對此十分懷疑，因為他就是個蠢貨。他很可能又高高興興上路了，完全忘了剛才的事。你一想到這點，就恨得牙癢癢的，但又認為他肯定會這樣做。然後你腦子一閃，記起了那輛車，那是一輛黃色的美洲獅跑車。你這麼一想，頓時怒火中燒，你討厭那輛車，痛恨開車的傢伙，於是打算痛扁他。

你開著車去找那輛黃色的美洲獅跑車，結果在一個停車場找到了它。你拐進停車場，心跳開始加速，你的情緒又激動起來。你總算可以復仇，替自己伸張正義了。你把車停好，與那輛美洲獅跑車之間只隔著幾輛車。然後，你打開後車廂，拿出撬胎棒後，一衝動之下，便朝那輛車直奔而去。你拿起棒子猛砸它的擋風玻璃，砸了又砸，想把體內的強烈能量釋放出去。你突然停下來，四處張望，發現有人用難以置信的眼神看著你。有些人怕你，有些人以為你瘋了，還有人充滿敵意，一直瞪著你。有那麼一瞬間，你很想去棒打那些心懷敵意的傢伙。他們可能是美洲獅跑車車主的朋友。然後，你清醒了，發現自己幹了蠢事，於是羞愧萬分，但隨即又感到恐慌。你觸犯了法律，警察可能正趕過來抓你。趕緊逃吧！你向自己的車跑去，鑽進車子，一溜煙開走，現場留下一股車胎磨損後的焦味。

等你到家時，你感到羞愧不已。你的家人很高興你回來，但你不能告訴他們發生了什麼事。他們問你怎麼了，你沒搭理他們。砸碎擋風玻璃的快感早就煙消雲散，你再度感到恐慌。你無法待在家，於是又開車離開，努力想鎮定下來，但好像怎麼做都沒用。你告訴自己，那個笨蛋是罪有應得，但你這樣想也無法讓你安慰自己。你覺得需要借助點東西來放鬆，於是便開車去了附近的酒吧。

這種反應對生存而言顯然幾乎沒有什麼價值。在上述的場景中，主角在高度激發的狀態下，根本無法根據理智去回顧整起事件。他並沒有充滿力量去控制住局勢，沒有釋放生存能量，然後回歸正常的狀態，反而重現或「外現」內心的生物性騷亂。我們千萬不要批判這種特別的反應，而要看清它的本質：**人試圖釋放面對生死威脅時調動起來的巨大能量，但是最終未能成功**。心理學家詹姆斯·吉利根（James Gilligan）在他的《暴力失樂園》（*Violence*）[1]一書中如此生動地描述：「……**企圖伸張並維護正義，或者試圖打擊或阻止不義之事，這才是人們施暴的原因，也是唯一的原因**。」（吉利根特別標示這句話來突顯它）從情緒和智力層面來看，吉利根博士的見解精準到位，但從本能運作的生物層面來看，情況又該是如何呢？若從不涉及思考的體驗感知的角度切入，我認為人伸張正義會獲得圓滿的感覺。只要沒有釋放能量和感覺圓滿，人就註定會陷入激烈的重現悲劇性迴圈（無論「外現」或「內演」）而難以自拔。

注1：格羅塞特—普特南（Grosset-Putnam），一九九六年，第11頁。

人類有相當大一部分的行為是在高度激發狀態下完成的，原因是我們對威脅做出反應時，沒有完成整個反應過程，這點雖然讓我們感到羞恥，但我們必須承認它。多數人都似乎非常迷戀那些「外現」伸張正義願望的人，甚至對他們非常癡迷。講述「連環殺手」生平的書不計其數，許多還是暢銷書。電影最熱衷的主題可能就是正義和復仇。

我們之所以會被這些「外現」的人物深深吸引，原因是我們渴望完成反應過程，或者渴望化解（如我所稱的「重新協商」）創傷。在重新協商時，激烈再現的重複迴圈會被轉化為治療創傷的事件。人只要實現了轉化，便不會再覺得需要報仇或施暴，因為羞慚和責怪在重生和自我接納（請參閱第十四章〈轉化〉）的強力影響下已經消解。讓人歎息的是，文學作品和電影甚少以此為主題。電影《彈簧刀》（*Sling Blade*）倒是展現不少創傷「重新協商」的固有轉化特質。

我們身邊最普通不過的「碰撞場景（車禍）」與其說是電影素材，不如說是我們日常生活的一部分，因此更足以說明問題。吉利根在《暴力失樂園》英文版的第一一三頁寫道：「有些事件會讓人強烈感到羞慚，而如我前面所說，正是這種強烈的羞慚感才會導致暴力行徑。如果我們想要理解這些事件以及瘋狂暴力的本質，就需要體認到，真正原因在於這些事件是瑣碎平凡的。」當人手足無措而無法自我防禦時，經常會感到非常羞愧，然後會做出暴力舉動，替自己伸張正義、報仇雪恨。

第七章指出，人類的大腦分為三個完整系統：爬蟲類腦（本能的）、哺乳類動物腦（情緒的），以及新皮質（理性的）。羞慚是哺乳類動物腦形成的一種情緒，正義則是新皮質構成的一種觀念，但這跟本能有何關聯？我認為，如果要釋放生存能量的本能衝動受到阻礙，其他兩個大腦系統的功能也會被徹底改變。讓我們檢視先前提到的「重現」場景，未被釋放的能量如何影響個體的情緒和理性反應？很簡單，情緒大腦將這種能量轉化成了憤怒。然後，「理性」大腦衍生復仇的想法。在特定的條件下，這兩種互相關聯的系統會做自己能做的事情。然而，由於人無法根據本能去將強大的生物能量釋放出去，這兩個系統便處於它們無法應對的境地，結果就會導致重現，而非重新協商。

激烈的行為也許會給人帶來短暫的慰藉和膨脹的「自豪感」，但是沒有生物學意義上的能量釋放，整個過程就沒有完成，因此，羞慚和暴力迴圈就會持續下去。神經系統仍然高度活躍，迫使人去尋求自己所認知的唯一解方，也就是繼續訴諸暴力。致創事件並沒有解決，人會表現得好像自己繼續受創，因為從生物學的角度來看，神經系統仍處於高度激發狀態。前面提到的三隻小獵豹知道事件已經結束，而人類的智力雖然「超過」獵豹，卻往往不知道事件已經結束。

佛洛伊德發現許多人一生都在重現童年時代的事件，感到非常驚訝，於是創造了「強迫性重複」（repetition compulsion）一詞，用來描述重複播放早期創傷的行為、關係、情緒和夢魘。「強迫性重複」的核心概念是他觀察到人們不斷將自己置於奇怪的懷舊處境，一直想起初始的創傷，以期找到新的解決之道。

七月五日早上六點三十分

貝塞爾・范・德・科爾克（Bessel van der Kolk）鑽研精神病學，在創傷後壓力症候群領域做出了傑出貢獻。他曾講述一名退伍老兵的故事，這則故事顯示「重現」在驅使人尋找解決方案時危險且不斷重複的層面。

一九八〇年代末期的七月五日，有個男人在早上六點半走進了一家便利商店。他將手插在口袋裡，模仿成槍的樣子，命令服務生把櫃檯現金拿給他。他拿到五塊美金之後就回到車上，坐在車裡等待警察到來。員警到場之後，這個人從車裡走出來，手仍然放在口袋裡，聲稱自己有槍，要求警方跟他保持距離。他最終遭到逮捕，沒有被警方開槍擊斃。

警察局負責查看此人紀錄的警員發現，這個人在過去十五年之間已經犯過六次所謂的「持槍搶劫」，而且全都發生在七月五日早上六點半！一查之下，發現他是越戰退伍老兵。警方認為，這起事件並不僅是巧合，於是便帶他去附近一家退伍軍人醫院。於是，貝塞爾．范．德．科爾克醫生有機會跟這個人談一談。

范．德．科爾克直接問這個人：「你在七月五日早上六點半到底出了什麼事？」這個男人不加思索地回答，在越南的時候，他整排軍隊受到越南兵伏擊，所有的人都死了，除了他和他的朋友吉姆（Jim），那一天是七月四日。夜幕已經降臨，直升機無法營救他們。他和吉姆躲在一片稻田裡，周圍全是越南兵，他們怕得要死。大約到了凌晨三點半，越南兵開槍，擊中了吉姆的胸腔，然後在七月五日早上六點半時，吉姆死在他的懷裡。

他回到美國之後，每年的七月五日（只要不被關在監獄裡），他都會將朋友死掉的場景重演一遍。這位老兵接受范．德．科爾克的治療時，表現出失去朋友的悲傷。然後，他一想到吉姆的死，就有一股衝動，想上街去搶劫。當他意識到自己的感覺，發現原始事件如何激起他搶劫的衝動之後，這位老兵終於能阻止自己重演這種悲劇事件。

這位老兵的搶劫和越南經驗之間到底有什麼關聯？他透過策劃「搶劫」，重新創設讓朋友（以及其他弟兄）死亡的交戰場景。這位老兵驅使警察來參與表演，精心安排了演出隊伍，讓警方來扮演越共的角色。他並不想傷人，所以他用手指來假裝自己有槍。然後他將整個局勢推到高潮，最終獲得了幫助，以此治癒心靈創傷。最後，他終於能夠化解朋友慘死和對戰爭的恐懼所產生的痛苦、傷心和內疚。

我們若是不知道這個人的過去，也許會認為他是個瘋子。然而，只要稍微了解他的過往，便可看出他的行為其實是「非常傑出絕妙」，因為他試圖藉此抹除心中那道很深的傷疤。他重現往事，一次又一次讓自己回到事發場景，直到他能從戰爭帶來的無邊惡夢解脫為止。

在許多所謂的原始文化中，全部落都知道這個人受到情緒和精神傷害，大家會鼓勵他傾訴痛苦，說不定全村人還會舉行一項治療心理創傷的儀式。在族人的幫助下，他失落的靈魂會重新歸位。眾人會在歡慶儀式中，像歡迎英雄一樣歡迎這位淨化過的族人回歸部落。

覺知的重要作用

「重現」與「原始情況」之間的連結並非總能一目了然。受創者也許會將致創事件與另一種情況聯繫起來，然後加以重複，而非重複原始的致創情況。反覆出現的事故就是這種重現的典型例子，尤其這些事故是類似的話。另有其他情況，也就是受創者可能會反覆招致某種傷害，好比腳踝扭傷、膝蓋扭到和頸椎撞擊，甚至許多所謂的身心疾病都是身體重現的常見例子。

這些所謂的「事故」通常會以意外事故的面貌出現。要想確認它們是否為創傷症狀，得看這些事故是不是重複發生，以及它們的發生頻率。有一位年輕人童年時遭受過性暴力，曾在三年內發生十幾起撞車事故（在這十幾起事故中，每一次都看不出他是刻意讓自己出事），經常性的重現是最耐人尋味且最複雜的創傷症狀。這種現象會因人而異，而且重現事件和原始情況之間往往會有驚人的巧合。雖然重現的某些要素尚可理解，但某些元素似乎完全無法靠理智去解釋。

傑克的故事

傑克約五十多歲，住在美國西北部，為人害羞嚴肅。他一直難以啟齒他為何來見我。然而，在他尷尬背後，隱藏一種無處不在的羞慚和挫敗。去年夏天，他開船駛進碼頭，驕傲且開玩笑地向妻子說道：「我船開得不錯吧！」結果話音剛落，他、他的妻子，還有他們的孩子，個個摔了個四腳朝天。原來，就在他停船的時候，一根繩子纏住了油門離合器，結果船突然向前一晃（他停船時一直讓引擎空轉）。傑克和家人都被摔倒在地，幸好沒人受重傷，但他撞上了另一艘船，賠了五千美元。當碼頭主人提議要幫他停船時（他可能心想傑克喝醉了），傑克覺得很丟臉，立馬跟對方大聲嚷嚷。傑克是經驗豐富的船夫，全家又靠航海為生，因此出事之後非常洩氣。他知道不該讓引擎空轉才對。

通過體驗感知，他在仰面摔在地上之前，能夠感到自己抓住了那根繩子，而且感到繩子絞在手臂上火辣辣的感覺，這使他想起了五歲時的一幕。他當時跟父母一起出海，結果背朝下從一架梯子上摔了下去。他嚇壞了，而且喘不過氣來。

傑克追憶這段經歷時，他五歲時牢牢抓著梯子驕傲往上攀爬的情景歷歷在目。他的父母當時正在忙別的事情，沒有看到他在玩梯子。突然一個浪打過來，船顛簸了一下，他就仰面摔在地上。他後來被帶去看醫生，一個又接著一個，害他不斷講述自己摔下來的事情。

他五歲那年摔了一跤，最近又丟了臉，這兩起事件彼此有重要的關聯。他在發生事故時都在驕傲展示自己的才能，結果都仰面朝天摔在地上，摔得頭暈眼花，喘不過氣來。他父親的船名字叫「狂浪號」（The High Seas），就在出事前一週，傑克才將自己的船命名為「狂浪號」。

驚嚇模式

傑克將船改名為「狂浪號」時，其實跟那位越戰老兵一樣，都在為隨後的往事重現搭建舞臺。重現之前往往會出現很多看似巧合的情況。特別值得注意的是，從旁看來，這些巧合與後續的重現事件可能都明白指向最初的創傷事件。然而，受創者經常對此毫無察覺。

重現通常不是與潛意識的偶然提示不謀而合，而是過幾年會與致創事件暗中謀合。就算當事者對初始事件究竟是否發生過毫無印象，也改變不了這個事實！此外，就算他們對致創事件仍有印象，通常也覺察不出初始事件和重現之間有所關聯。後續將會指出，不為人所覺察正是令人匪夷所思的重現現象會出現的決定性因素。

沒有意識就無法選擇

有沒有試過將院子裡的青藤、黑莓叢或竹子從根砍掉，以便將其徹底清除掉？只要嘗試過的人都知道這是不可能的，因為你必須將它們連根鏟除，才能徹底根絕，創傷也是如此。重現發生時，我們經常將這些行為稱為「外現」，這個詞別有深意，將其稱為「外現」，乃是因為它不是根源。從本質來講，所謂的根另有他物，乃是個體沒有覺察到的東西。

如同先前所述，「外現」確實會讓生物體暫時舒緩一下。這些行為本身為持續的激發迴圈所啟動的多餘能量提供了一個出口，構成腎上腺素的化學物質和具有麻醉作用的胺多芬（endorphin，一種腦內啡）被釋放到身體內。與此同時，生物體會避開伴隨真實事件而來的不可抗拒的情緒和感覺。然而，問題在於，這種行為都是預先制定好的，所以個體幾乎沒有機會去嘗試嶄新或原創事物。有理智的人都不願終身生活在創傷的陰影中，讓自己不斷重現和經歷令人崩潰的往事。

重現VS重新協商

任何重現始終都有潛藏且不為人知的事件和信念模式，而這些模式似乎會自行創造經歷。這種強迫性的重複並非普通所謂的「刻意為之」。刻意的舉動通常牽扯意識，但在重現中，意識幾乎沒有扮演任何角色。在重現中，人類生物體並不完全明瞭自身行為背後的驅動力和動機，其運作模式類似於爬蟲類大腦的模式，只是依照本能行事。

生物體對野外威脅做出反應時，會伴隨啟動和解除啟動的自然迴圈，而重現代表生物體嘗試去完成這種迴圈。生物體在野外時時常透過奔跑或戰鬥（或者其他能夠順利結束生死對抗局面的活躍行為）來釋放啟動的能量。如果初始致創事件需要生物體採取積極逃跑的策略，重現中也會做出同樣的嘗試，這一點都不讓人驚訝。

我們是人類，會比動物更容易受創，若想脫離這種似乎無解的困境，關鍵在於我們具備某些明顯有別於動物的特徵，也就是我們能清楚意識到自己的內在經驗。如果我們能像傑克那樣放慢腳步，感受伴隨創傷模式而來的知覺和感覺的一切元素，等它們完成了才邁開腳步，我們就能漸漸接觸並轉化那種會迫使我們不斷重現致創事件的動力和動機。透過體驗感知去喚醒清醒意識，便能溫和地釋放能量，而此舉跟動物透過行動去釋放能量一樣有效。這就是重新協商。

在身體「劇場」內

難以抵擋的感知和情緒有內在資源，所以激發會變成長期狀態。這就是為什麼我們可以、也必須從內心去努力轉化創傷。在重現中，外在世界是我們的舞臺。然而，如果一直停留在外部，一切就不會改變。因此，重現往往無法完成它想完成的事情。

我們活在不尊重內心世界的文化環境，因此局面對我們非常不利。在許多文化中，由夢境、感覺、意象和感知組成的內心世界是神聖的，然而，我們通常只是大概知道它們的存在，至於該如何深入內心世界，我們幾乎沒有任何經驗，所以當我們的經驗需要它們的時候，我們完全不知所措。結果就是我們想要跟心理創傷進行協商時，根本無法嫻熟完成，反而會有重現的情況。

然而，如果有耐心和夠專注，便可打破驅使創傷往事重現的模式，然後就能再次運用各種情緒和我們能夠做出的行為反應。我們一旦了解創傷如何開始和發展，就必須學會透過體驗感知去瞭解自己，我們與創傷進行重新協商所需要的所有資訊都可以得到，我們的身體（本能）會告訴我們何處有障礙，也會在我們太急躁時提醒我們。我們的智慧會告訴我們如何調節我們的體驗，讓我們不至於倉皇失措。當這些大腦機能合而為一時，我們就能在內部經驗的主流和創傷造成的騷亂之間建立特殊的關係。緩步而行，讓經驗逐步展開，便能讓我們以自己能接受的步調去消化創傷經驗中未被消化的層面。

在身體「劇場」中，創傷是可以轉化的。那些使創傷情緒、行為長久存在的各種分散元素，可以完成、整合，然後重新融為一體。伴隨著這種完整性，帶來了掌控感與化解心理創傷。

重現可追溯到何時何地？

創傷會重複出現，其中耐人尋味的一點在於，有時候根本無法加以解釋。如果不承認這一點，探討重現便會不完整。具體而言，我指的是重現致創事件時，偶爾可以上溯到好幾代以前的家族歷史。

我最近開了一個培訓班，有人請我去見一位女士，名叫凱利（Kelly），她曾親眼目睹蘇城（Sioux City）空難（電影《空難遺夢》〔*Fearless*〕便是據此改編）。這個航班從丹佛市飛往芝加哥，途中因為爆炸而失去了一具引擎，使飛機傾斜，急劇降落，由於降速過快，失速旋轉下墜似乎難以避免。值得稱道的是，當時機師艾爾·海恩斯（Al Haynes）掌控得宜，飛機沒有完全失控，而且最終得以緊急迫降。飛機受到巨大的衝擊，機身四分五裂，一部分的機體甚至散落到周圍的玉米田。這起驚人的事故被當時夙負盛名的一名業餘攝影師拍了下來。凱利當時朝著一束光爬行，七拐八繞，穿過一片凌亂的金屬碎片和電線，終於從飛機殘骸中脫困。

我在診療時，凱利慢慢且逐漸與飛機失事帶來的恐懼進行重新協商。當我們聊到她在飛機失事時的那段經歷時，凱利彷彿聽到了父親和祖父的叫喊聲：「不要等，現在就行動！向著光走去，在飛機爆炸前跑出去。」她聽從了這些聲音。凱利的父親和祖父分別都曾在飛機失事中倖存，兩人都是在飛機撞地後迅速離開飛機，從而死裡逃生。

凱利很可能聽父親和祖父說過自己的遭遇，才會知道飛機墜地後該怎麼做。然而，該如何解釋她這次經歷的其他元素呢？空難發生後，媒體通常都會大肆報導，這種事故往往一下子影響數百人的生活，但一般而言，只有少數人會有某位家人遭遇飛機失事的經歷，更別說有高達三人遇到過空難。此外，還得考慮事件的性質。車禍完全可以歸咎於駕駛一時不察，哪怕不察的當事人完全沒有任何責任。然而，空難以類似的方式重複出現，這種機率實在太低了。

我曾經從客戶和朋友中聽說過好幾個與此性質類似的故事，好幾代人身上發生的事情有著驚人的巧合。這些巧合偶爾或多或少歸因於家族傳聞和生活模式，但其他的事故（尤其是像飛機失事這種大規模且涉及許多人的災難）則無法解釋。只能讓羅德·塞林（Rod Serling）[2]去進一步評論這種怪事，不過我卻一直在思考驚嚇模式究竟有多深遠的影響。

創傷性重現會神祕地出現。另有一個例子，這次的主角是潔西卡（Jessica）。她在兩歲時第一次遭遇飛機失事，但倖存了下來。當時開飛機的是她的父親，飛機墜落到了樹上。他把潔西卡從飛機上抱下來。二十五年之後，潔西卡和男友開飛機離家九百英里，結果遭遇暴風雪而迷路，飛機最終墜落在一棵樹上。那棵樹就位於她兩歲時飛機墜毀的那座山的另一側！當我在問診時，潔西卡化解了因複雜多舛的童年時期所造成的諸多深層感覺和反應。這是否表示她永遠不會再遇到空難了？或者第二次墜機於同一座山上僅僅是巧合？我不知道，我希望自己永遠都別知道，姑且說這是神祕莫測的事件吧！

譯注2：美國的編劇兼主持人，生前素以電視劇《陰陽魔界》而聞名。

第十四章 轉化

我們的心靈與天堂和地獄合而為一，乃是為了讓自己自由。

——瑞典神學家伊曼紐．史威登堡（Emanuel Swedenborg）

心理受創者若想過上充滿活力的生活，不僅需要減輕創傷症狀，還得轉化創傷。當我們順利與創傷「重新協商」以後，我們本身會發生深刻的變化。轉化是改變某些事情，使其向對立面轉變的過程。我們從創傷狀態轉向平靜狀態時，神經系統、感覺和透過體驗感知的知覺會產生深刻的變化。神經系統會在僵直和流動狀態之間搖擺，情緒會在恐懼和勇氣之間擺盪，感知會在狹隘和接納之間變換。

透過轉化，神經系統重新獲得自我調節的能力。我們的情緒開始讓我們振奮，而不是讓我們心情低落。它們會促使我們昇華和飛躍，讓我們更全面地看待自己在大自然的位置。我們擴大了覺知，擁有接受的能力，能夠接納事物的原貌，不再隨意批判，我們能夠從人生經歷中學習。我們不再試著去原諒，因為我們知道無須去責備。我們會更有自信，同時更能適應，變得更加有韌性和自發性。這種新的自信使我們放鬆快樂，生活過得更為充實，我們更能領悟生活的激情和狂喜。

這是一種深刻的變化，這種變化幾乎影響了我們自身大多的基本層面，我們不再透過恐懼的眼光看待世界，這顆星球有時確實存在危險，但我們不再飽受無休止的恐懼折磨，這種恐懼使我們過度警覺，讓我們時時感覺危險就在身邊，覺得最糟的事情總會發生。我們愈來愈能鼓起勇氣去面對生活，也能夠逐漸信任別人。壞事仍然可能發生，但我們可以克服，信任（而非焦慮）成了一切經驗的發源地。轉化會影響我們生活的各種層面，就像創傷會讓人飽受折磨一樣。探險家兼作家提姆・卡希爾（Tim Cahill）如此寫道：「我甘冒危險，以此拯救自己的靈魂。」[1]在心理創傷中，我們雖然已經冒了生命的危險，但尚未拿到拯救的獎勵。

創傷的兩個面向

一道燒焦痕跡劃過一大片玉米田，飛機殘骸四處散落。這是導演彼得・威爾（Peter Weir）的非凡之作《空難遺夢》的開場畫面。在這怵目驚心的鏡頭中，男主角馬克斯・

原注1：《美洲豹撕開了我的肉：探險是冒險的事業》（*Jaguars Ripped My Flesh—Adventure is a Risky Business*），矮腳雞圖書出版公司，一九八七年。

克萊（Max Klein，由傑夫・布里吉〔Jeff Bridges〕飾演）剛剛從這場空難中奇蹟生還。他步履蹣跚，穿過高聳的玉米田，一隻手軟弱無力地抱著一個嬰兒，另一隻手牽著一位十歲的孩子。醫護人員和消防隊員衝過來之後，馬克斯揮手叫了一輛計程車，要司機載他去一間汽車旅館。他身處一種怪異的麻木之中，便去沖了個澡。他一邊淋浴，一邊用手慢慢摸索，確保自己的身軀還完好無損。當他發現身體側面有一道很深的傷口時，他感到很驚訝。在這場空難之前，馬克斯害怕搭飛機，但隔天早上，他卻拒絕乘坐火車，反而選擇搭頭等艙飛回家。

馬克斯返家之後，對世俗生活失去了興趣，於是離開家人、離開滾滾紅塵，很快便與另一位空難倖存者（由蘿西・培瑞茲〔Rosie Perez〕飾演）陷入一段浪漫的愛情之中。他經過這場巨變之後，不再害怕死亡。那些在空難中被他拯救性命的人崇拜他，將他視為英雄，無懼的馬克斯似乎完成了轉化過程。但真的是如此嗎？

在這部複雜難解的電影中，創傷的兩個面向展露無遺。馬克斯面對死亡時展現出英雄行為，生活於是發生了巨大的變化。然而，他朝著兩種截然不同和彼此抵觸的方向做出了改變。一方面，他似乎「超越」了塵世，開始追尋更開闊且激情璀璨的人生。然而，與此同時，他似乎又限縮自己，無法容忍或過著正常的生活。他愈來愈陷入一個不斷收緊的螺旋之中，讓自己陷入了危及生命的創傷重現。他瘋狂地試圖治癒新的情人，結果差點殺了自己和對方。最終，正是女方透過富有同情心的愛，馬克斯才得以擺脫了救世主的錯覺，直接面對自己的恐懼和迫切被拯救的需求。

每個心理創傷都會提供我們轉化的機會。創傷會加劇和引發心靈、身體和靈魂的擴大和限縮。我們對致創事件的反應，決定創傷會是殘忍地把我們變成石頭的「美杜莎」，還是會引導我們穿越無垠難測人生之路的精神導師。在希臘神話中，從美杜莎被砍斷的身體裡流出的血被裝進了兩個小瓶子，其中一瓶能殺人，另一瓶則能使人復活。如果我們聽天由命，創傷就會使我們失去活力並徹底摧毀我們。然而，我們也可以利用它來重生和轉化。人一旦化解了創傷，就會變得更強大。

天堂、地獄和治癒：中間地帶

至道無難，唯嫌揀擇。但莫憎愛，洞然明白。毫釐有差，天地懸隔。

——《信心銘》[2]（公元三世紀的阿甘[3]）

在《空難遺夢》中，馬克斯陷入不斷收縮的能量漩渦，偶爾狂喜不已，有時卻惡夢連連。這種在「天堂」和「地獄」之間的變換催生了轉化創傷的必要節律。最終，馬克斯承認自己確實需要救助之後，便向死神走去，但他很幸運，在還沒有被殺死或發瘋前就轉化了創傷。其實，還有更溫和且更可靠的方法去轉化創傷。

「身體經驗創傷療法」就是其中一種方法。這種方法能使我們逐漸跨越「天堂」和「地獄」之間的鴻溝，將這兩種極端統合起來。從生理學的角度來講，天堂是擴展，地獄則是收縮，統合這兩端，就能逐漸治癒創傷。

生物體已經演化出精密的治療創傷程序，包括團結、整合的能力，以及轉化擴展和收縮這兩極的能力。如果能和緩將這兩極整合為一個整體，就能順利治療創傷。醫師面對身體創傷時，是要協助治療身體，好比清洗傷口，以及用繃帶或石膏保護傷口。雖然石膏不能治癒斷骨，但能支撐骨骼，使其自行癒合。同理，在整合心理中的擴展和收縮這兩極時，體驗感知也能協助我們完成奇蹟般的轉化創傷過程。

順其自然：重新協商

萬物流動，進出有度；萬物有其消長，此起彼落；鐘擺現象存於萬事萬物；左擺幅度等於右擺幅度；此消彼長，消長平衡。

——《凱巴萊恩》（The Kybalion）[4]

譯注2：禪宗著作，傳統認為作者是禪宗三祖僧璨。

譯注3：英文為 Forrest Gump，電影《阿甘正傳》的主角。故事講述了純真傻氣卻心地善良的阿甘有著驚人的運動天賦，他在阿拉巴馬州生活了數十年，卻在因緣際會下影響了美國二十世紀下半葉的某些大事。

譯注4：神秘的埃及古老學說，傳聞由三位隱士所著。

我們的生命就像溪流。我們的經歷之流以平靜、騷動和整合的週期迴圈方式從時光中流過。我們的身體就是溪流的兩岸，包覆著生命能量，既能約束這股能量，又容許它在這兩岸之間自由流動。此處所謂的岸，就是屏障，使我們能安心體驗內心活動和內在變化。佛洛伊德在一九一四年如此定義創傷：

「……對抗刺激的保護屏障出現一個缺口時，就會導致不可抗拒的絕望無助。」[5]若以溪流來打比方，驚嚇／震撼創傷（shock trauma）可視為一種外力，這種外力會破壞

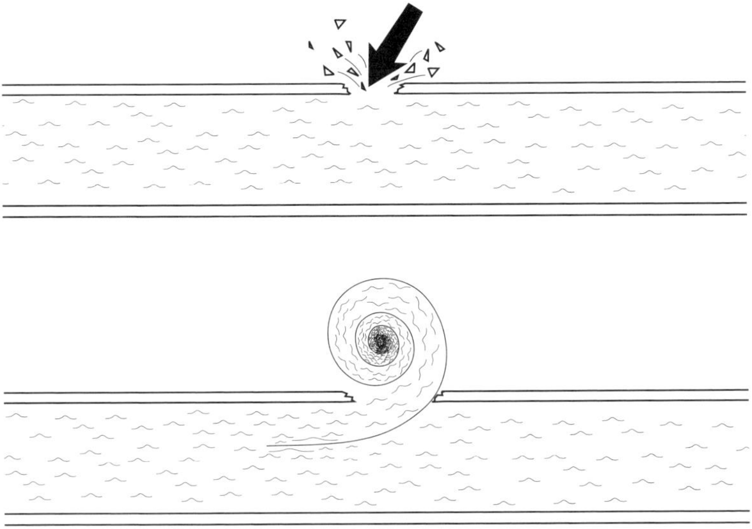

圖 2 刺激屏障的缺口，形成創傷渦流。

承載我們經驗的保護容器（河岸），而有了缺口，就會產生湍流漩渦，導致生命能量瘋狂外泄，進而形成創傷渦流。這個漩渦存在於我們正常經驗的生命河流的兩岸之外（請參閱圖2）。心理受創者要不是陷在這個創傷渦流中，就是遠離缺口（創傷），這兩種情況都很常見。

當我們陷入創傷渦流時，會重現和重新經歷創傷，因此就可能被情緒淹沒和再度受到創傷。然而，如果我們竭力避開創傷渦流，就又會限制自己，罹患恐懼症，我們也就無法讓自己充分感受內在或外在事物，這種分離漩渦會吸走我們多數的生命能量，削弱生命主流的力量。

然而，值得慶幸的是，大自然會對此做出反應，立刻創造出了反向渦流（這是一種治療渦流），藉此抵消創傷渦流的力量。這種平衡力量立刻開始沿著創傷渦流相反的方向旋轉，而新的漩渦會在主流經驗的兩岸「之間」（請參閱圖3）。

原注5：語出《精神分析引論》（*Lectures*）以及《超越快樂原則》（*Beyond the Pleasure Principle*），國際精神分析出版社（International Psycho-Analytic Press），一九二二年。

隨著治療心理創傷的渦流出現，我們便不再侷限於重現或逃避創傷這兩個選項。我們現在有了第三種選擇，而我將其稱為「重新協商」。我們跟創傷重新協商時，會開始修復破裂的河岸，從周邊包圍治療和創傷渦流，並且逐漸向它們的中心移動。我們起初會隨著這兩股相反力量的波動（不穩定的振動）而移動，體驗它們之間的動盪。然後，我們會慢慢有節奏地來回移動，在兩者之間以數字8的字形移動。我們從治療渦流開始，獲得需要的支

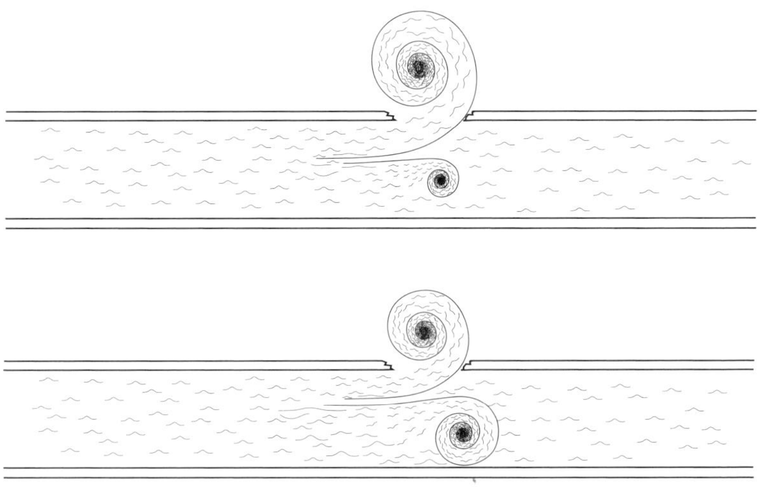

圖3 形成治療（反向）渦流。

持和資源，然後和創傷渦流進行協商。我們在這兩種渦流之間來回移動，才能將緊緊束縛在它們中心的能量釋放出去，好比逐漸鬆開它們一樣。我們向它們的中心移動，釋放它們的能量，渦流會被打亂分解，然後又重新融入主流，這就是重新協商（請參閱圖4）。

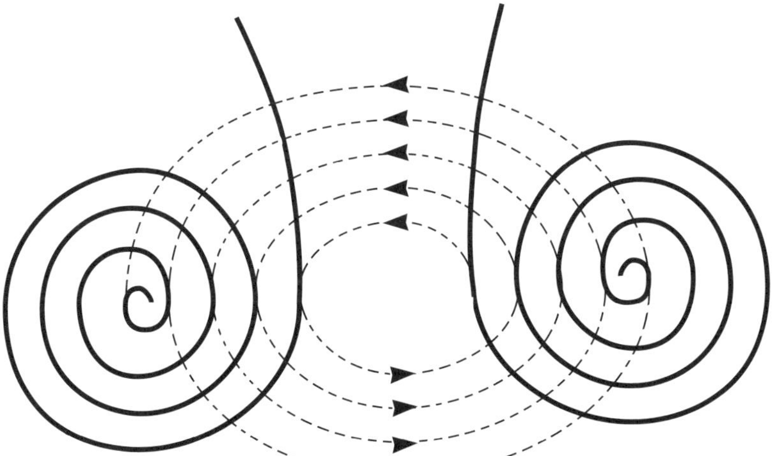

圖 4 創傷與治療漩渦的「重新協商」，成為第三種可能。

瑪格麗特的故事

瑪格麗特是我的病人，天生對體驗感知非常敏感，所以開始接受治療後，她的潛意識沒有審查或干擾治療過程。她是一位中年內科醫師，多年來反覆出現頸部疼痛和下腹絞痛等症狀。她接受過許多檢查，也曾治療過，但舊疾仍在，依舊找出不出病症。

我開始診治瑪格麗特時，她說感到脖子部位有一種不均勻的緊繃感，我鼓勵她觀察那種感受。當她將注意力集中到緊繃感時，頭微微向左轉動了一下（定向反應）。幾分鐘之後，她的腿開始輕微顫抖（釋放能量）。她在釋放的過程中感到愉悅，卻看到一張男人的臉，結果突然被這個意象嚇到了。她在經歷了一系列不舒服的身體感覺和情緒之後，其他影像開始顯現：她「記起」（自己五歲時）曾被一個男人綁在一棵樹上。男人扯掉她的衣服，使勁打她，然後將一根棍子塞進她的陰道。瑪格麗特再次經歷了一股情緒，卻始終與自己的身體感覺保持聯繫。接下來，她躺在一堆被聚集起來的葉子上。她很興奮，但又很平靜。

突然，她清楚看到了那個男人，臉部特徵歷歷在目，那是一張發紅而扭曲的臉，汗珠從他的額頭滑落下來。然後，瑪格麗特幾乎連氣都沒喘，再次轉而描述地上的秋葉，葉子包覆著她。她說她在葉子間嬉戲，有一種很清新的感覺，她心情很愉快。在下一個意象中，她又被綁到了樹上，她看到那個人褲襠開著，陰莖露在外面。他用刀剖開一隻兔子，然後朝她吼叫，說如果她敢告訴別人這件事，他就會殺了她。她內心感覺一片混亂。接下來，她躺在奶奶的臂彎裡，將發生的事告訴了奶奶。瑪格麗特跟我說，她此時有種深深的欣慰感，但她說話之際卻流下了眼淚。在下一幕中，她又在樹葉堆裡翻滾，她嘻笑著，來回翻滾，手臂緊緊地抱在胸前。

在這次問診之後，瑪格麗特脖頸處的緊繃感就消失了。我後續又與她診療了幾次，讓她順利消除了腹痛症狀。最重要的是，她說她現在的生活很開心！

到底發生了什麼事？

在瑪格麗特的案例中，專業報告（包括醫學證據和警察調查）證實了她說的故事為真。然而，令人震驚的是，我在幫助許多病人追蹤他們的體驗感知之後，可以毫不猶豫地說，無論瑪格麗特說的完全屬實也好，純屬「捏造」也罷，都絲毫不會影響她治療創傷的結果。

瑪格麗特能擺脫創傷症狀，是因為她回憶過去，「重新經歷」她詳述的童年經歷嗎？或者因為她已經成年，她的生物體從過去的不同時空截取了不同的事件碎片，然後展示出來，以此幫助治療創傷的過程？如果第一種解釋比較準確，那個男人一定將她鬆綁了，讓她在樹葉堆裡玩了一會兒，然後又把她綁到了樹上，因此一共將她綁了兩次。這當然是有可能的，但是，在這種情形下，瑪格麗特真的能玩得那麼興高采烈嗎？這似乎不大可能，更有可能的是，她在另一段時間在樹葉間玩耍，然後回憶時帶入這種意象，當作資源來協助擴大她的治療渦流。

男人將兔子開膛剖肚並對著她吼叫，然後又將陰莖露在外面，這個意象代表什麼呢？這也是當時事件的準確描述嗎？果真如此的話，男人是從何處弄到兔子的？當然，這確實有可能發生，不過也可能會有其他的解釋。

那個男人當時可能說他會把她像兔子一樣剖開，或者，瑪格麗特也可能在另一個時間看過、甚至在書上讀到兔子被剖開的場景，然後被嚇壞了。她的體驗感知也許拿這個意象來比喻她當時的感受。這個意象確實傳達出了幼童被綁架時的恐懼感。

有一件事是確定的，就是瑪格麗特已是成年人，能夠遵循生物體的創意。她的意識在兩種意象之間轉換：一批意象喚起她童年的恐懼（創傷渦流）；另一批意象使她擴大並治癒（治療渦流）。她緊緊追蹤伴隨這些意象的體驗感知，讓自身的生物體體驗到這兩種渦流之間的規律波動，而這兩種渦流最後融合成新的現實，同時釋放能量並化解了她的創傷反應。瑪格麗特遇到那次可怕的事件之後，數十年飽受脖頸和腹部疼痛的困擾，而她在體驗感知的指引下，得以和事件帶給她的恐懼進行了重新協商。她能夠獲得治癒，乃是治療渦流和創傷渦流之間相互轉化的結果。

多數人明瞭體驗感知的作用之前，對治療渦流以及伴隨而來的積極覺知不是加以壓制，便是忽略或逃避它們。當我們恐懼的意象在眼前揮之不去時，治療意象會讓我們驚惶不安。當我們積極挖掘更多「回憶」時，我們會拼命壓制神經系統的擴展，而神經系統會一直瘋狂尋找這種擴展，於是會讓我們一頭栽進創傷渦流。瑪格麗特之所以能夠治癒創傷，祕訣在於她沒有這樣做。當樹葉的意象出現時，她順應了與這些意象相關的感受，遠離了被綁在樹上以及被恐嚇而心生的恐懼感。樹葉（與治療創渦流相關）讓她在面對個人創傷中最深層的東西時沒有被壓垮。因此，她完成了轉化，使自己成了一個更完整且更有資源可用的人。

重新協商和重現

伽利略號探測器到達木星的五個月之前將與母船分離。必須讓探測器精確定向，因為探測器既沒有導航系統，也沒有推進設備……它墜落木星時，時速飛快，以此速度從洛杉磯到華盛頓只需九十秒，因此射入角度若有偏差，探測器就會偏離木星的大氣層週邊，不是一股腦衝進太空，就是被燒成灰燼（如果它直接進入木星大氣層）。

——《國際先驅論壇報》（*International Herald Tribune*）[6]，科學專欄，作者凱西・索耶（Kathy Sawyer），一九八九年十月十二日

轉化創傷並不是一種執行完就可以開心等待結果的制式儀式，它沒有那麼容易。轉化會要求受創者挑戰自己基本的自我信念，我們必須信任自己的反應和感知，即便我們無法完全理解它們；我們還得敞開心扉，順應原始的自然法則，這些法則會接管我們失調的感知，使其恢復平衡。受創者必須放棄各種信念和先入為主的想法，如此才能完成恢復健康之旅。別忘了，放手這檔事不會一蹴即成。

下面的圖（圖5）描繪了人遭遇致創

譯注6：如今改名為《紐約時報國際版》（*New York Times International Edition*）。

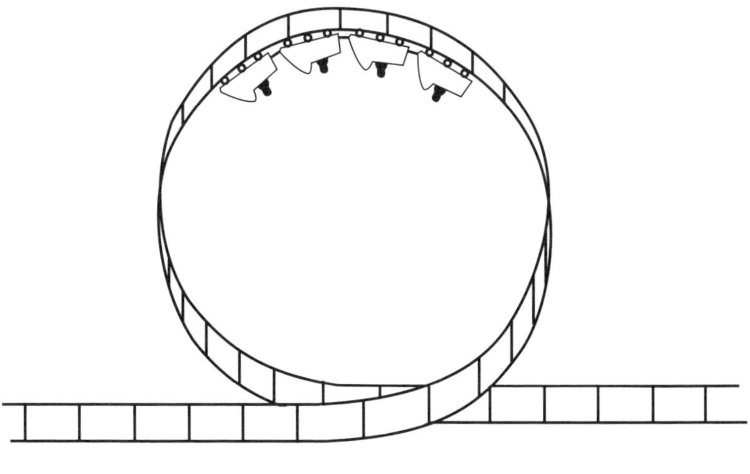

圖5 掌控轉化的力量

事件（雲霄飛車繞過一處環形軌道，遊客會被倒掛）的狀態。我們在重現時會進入這個環形軌道，而我們開始頭下腳上時，全身會繃緊、緊縮，我們不知道離心力會不會讓我們掉下去摔死或受傷。當我們重現時，我們可能會體驗到倖免於難後的恐懼和／或快樂，我們也可能面對自己最深的恐懼之後，會有如釋重負的感覺和感到無比刺激，因此或許會對這些感覺上癮。然而，我們卻領略不了創傷轉化之後帶來的那種真正掌控和臣服感。

我們重新協商時會逐漸理解這些法則和力量，然後才能學會信任它們和向它們臣服。我們可以感到興奮，無需緊張或感到恐懼。我們可以獲得真正的掌控感。

在「身體經驗創傷療法」中，重新協商是圍繞著學會領悟生物體的自然恢復法則來開展。莫里斯（請參閱第九章）和瑪格麗特（請參閱本章）在歷經創傷迴圈和治療渦流時體驗自己的感知。這兩人向自然法則讓步時領悟了其中祕訣，知道學習掌控的力量是離心型的，如同在治療渦流和創傷渦流之間移動時產生的那種力量。受創者穿過震盪之處，進入治療渦流，然後有節奏地在兩者之間來回移動，逐漸確定自己不會被吸入黑洞而燒成灰燼，或者被推開而進入外太空。莫里斯和瑪格麗特在重現之際，也許已經明白自己能夠存活下來。然而，他們還沒學會應該學會的新反應，讓自己得以掌控致創事件引發的強大力量。唯有我們正確設好初始條件，並且做出相應的調整（就像伽利略號探測器一樣），我們才能信任那些自然法則，讓它們引導我們踏上療癒之旅。

治療創傷時最奧妙且概念上最具挑戰性的地方，就是理解「記憶」在其中扮演的角色。許多人帶著錯誤或受限的認知，以為治療創傷，就必須喚起過往的可怕記憶。但我們明明就知道，那些記憶裡，自己受了傷害、支離破碎、痛苦萬分、感到羞愧且極不開心，但為了讓自己更好，我們試著去尋找那不快樂的根源，希望找到以後就能讓自己不這麼痛苦。

就算我們能夠準確挖掘出對某個事件的「回憶」，它們也不會治癒我們的創傷，而且正好相反，這種不必要的做法會使我們重新經歷往事，再度陷入創傷渦流之中。主動追憶也許會給我們帶來更多的痛苦，同時進一步強化我們的凍結狀態。當我們不得不再去尋找其他解釋性事件（即所謂的「回憶」）來對這額外的痛苦追根溯源時，這種惡性循環就會逐漸加劇。因此，這些記憶究竟有多重要呢？

與創傷有關的記憶分為兩種，一種有點像攝影機，它會依序記錄事件，被稱為「外顯」（有意識的）記憶，會存儲像是你在昨晚派對上做了什麼之類的訊息。另一種是人類生物體組織重大事件經歷的方式，譬如學騎腳踏車的過程，這種記憶被稱為「內隱」（程序）記憶，完全是無意識的，儲存無需思考的事情，是身體下意識會去做的事情。

在許多方面，心理受創者「記憶」的那些貌似具體的影像可能是他們最難放手的，如果這個人之前曾嘗試心理療法（鼓勵他去宣洩，將重新體驗致創事件的情緒當作化解創傷的靈丹妙藥），情況更是如此。宣洩會強化記憶，使其成為絕對的事實，因此無意之間會強化創傷渦流。誤解記憶是干擾轉化過程的錯誤觀念之一。

什麼是記憶

大腦的功能是篩選過去事件、然後減少和簡化它，而不是維持它。

——法國哲學家亨利・柏格森（Henri Bergson），《創造性的大腦》（*The Creative Mind*），一九一一年

柏格森（Bergson）提出了一個超前於他所處時代的觀點，即大腦的功能不在於儲存過去。許多理論家告訴我們，「你知道過去發生什麼事情，是因為你記得」，這是基於「人類需要從體驗中的各種元素找到意義」的謬論。伊斯雷爾・羅森菲爾德（Israel Rosenfield）在《記憶的發明》（*The Invention of Memory*）一書中洋洋灑灑梳理了人的意識經驗，並且提出一些驚人的結論，其中最讓人震驚的是，他認為一般人根本不了解記憶，對記憶的想法也是錯誤的。伊斯雷爾指出，「我們依賴的不是固定的影像，而是再創造（亦即想像），改造過去以適應現在。」美國生物學家傑拉爾德・埃德爾曼（Gerald Edelman）因為早期研究免疫系統的成果而獲頒諾貝爾獎，而他說得很恰當，將這類現象稱為「記憶中的現在」（The Remembered Present）。阿科特・阿亨森（Akhter Ahsen）在《逼真心理療法的基本理念》（*Basic Concepts in Eidetic Psychotherapy*）[7]一書中表明，創造性和靜態記憶是截然相對的。

記憶不是按線性順序去記錄事件，反而更像是玩蛋頭先生（Mr. Potato Head）[8]。人的記憶是腦部當下的感覺，挑選顏色、影像、聲音、氣味、判斷和反應，帶有類似的激發和感覺基調，然後將其帶到前臺（foreground）去隨意組合，以此產生所謂的記憶。在涉及生存時，記憶是一種特殊的認知，它不會準確留下事件的印記。就這點而言，記憶是生物體創造完形／格式塔（gestalt，請見六章）的過程。這種完形可以忠實呈現某個事件，也可以只是一種演算圖像，其中包含了來自其他不同事件的無關資訊。換句話說，它就是一塊馬賽克。這就是為什麼不同的目擊者往往會對同一件事情做出截然不同的描述。

大腦和記憶

一百多年以來，科學家一直指出，大腦分成不同的區域，每個區域負責不同的感覺官能，有視覺中心、聽覺中心、嗅覺中心、味覺中心和膚覺中心等等。過去的普遍認知是，大腦中必定有一個專門區域，讓個體經歷的印記在這個區域被完整記錄下來，成為記憶。讓我們看一下支持或質疑這種理論的數個實驗。

懷爾德・潘菲爾德（Wilder Penfield）對癲癇病人所做的實驗。許多人看了加拿大傑出神經外科醫生懷爾德・潘菲爾德的研究之後，認為大腦中有固定記憶痕跡。潘菲爾德在一九三〇年代進行了各項經典實驗（請參閱《大腦的祕密》〔*Mysteries of the Mind*〕[9]），他研究了數百位意識清醒、患有癲癇症的成年人，利用局部電刺激法去探究這些病患的大腦。他想知道是否透過外科手術切除某些大腦部位（只要它們沒有負責重要的功能）便可讓患者不必再忍受癲癇發作。潘菲爾德指出：（他的病人）突然覺察到了先前某段時間存在他大腦的所有事物。那是以前的意識（或記憶）之流在他腦中再次流動……有時候他覺察到他在那個時刻看到的一切事物……電極拿掉時，意識流就停止了……這種電擊回憶完全是隨機的……有很多時候，回憶的事件既不重大，也不重要。潘菲爾德（以及他的追隨者）得出結論，認為他發現有永久記憶被刻在大腦的特定區域，直到最近還有其他科學家也認同這種說法。然而，潘菲爾德在自己的筆記中寫得

原注7：布蘭登出版社（Brandon House），一九六八年。

譯注8：又叫馬鈴薯先生、薯蛋頭，這種玩具由馬鈴薯形狀的塑膠模型組成，主體上可以裝飾各種塑膠零件，通常包括耳朵、眼睛、嘴巴、鼻子和鞋帽等等。

原注9：普林斯頓大學出版社（Princeton University Press）出版，一九七五年。

很清楚，這些「瞬間重歷其境」更像夢境，反而不像記憶。那些病人經常會說：「我不停做夢……我一直看見某些動物……夢到一些東西」諸如此類的話。此外，在潘菲爾德研究的五百多個病人裡，只有四十位（不到百分之八）說他們想起了過往的經驗。

卡爾．斯賓塞．拉什利（Karl Spencer Lashley）的老鼠實驗。大約就在潘菲爾德進行外科手術觀察時，實驗心理學家卡爾．拉什利也想要找出大腦掌管記憶印記的區域。拉什利做了許多可怕的實驗，他先教老鼠穿越迷宮，然後逐一切除老鼠大腦的某些區域。老鼠甚至在大腦皮層幾乎全部被毀掉之後，仍然能順利走出迷宮。讓拉什利驚訝的是，當老鼠大腦幾乎已經被完全切掉、根本做不了任何事情的時候，老鼠對迷宮的記憶仍然存在。拉什利花了將近三十年去尋找大腦的記憶區域，但始終沒能找到。

儘管許多聰明的科學家費盡了心思、投入數百萬美元的經費研究，依舊沒人找到大腦儲存某段完整記憶的區域，這種結果令人驚訝，不禁讓人開始猜想和推測記憶的本質。不過埃德爾曼（Edelman）、羅森菲爾德（Rosenfield）和阿森（Ahsen）等人所做的開創性工作，使我們對記憶有了另一種理解，原來「記憶不是準確的記錄器」，這顛覆了我們以往的看法，也讓那些不斷試圖探索、拼湊記憶的心理受創者可以暫且鬆一口氣。

一切都如此真實！

如果記憶不是精確記錄事件，為什麼我們在強烈激發中產生的影像會如此真實？近期的研究指出，與意象有關的激發程度愈強烈，意象就會感覺愈真實。皮埃爾．葛洛（Pierre Gloor）是加拿大蒙特婁的外科醫生，他與潘菲爾德在同一個城市進行研究，不過他晚了五十年。葛洛發現，潘菲爾德報告中所說的「記憶」只有在電極同時刺激大腦的感覺區和邊緣區時才會出現。大腦邊緣區主要負責感覺和情緒。葛洛和同事得出的結論是，「引發某種認知的情緒或動機之所以很重要，原因可能在於……這些情緒和動機是這種認知能被有意識地經歷或喚起的先決條件，而這也許意味著所有被人有意識感知的事件都必須帶有某種情緒因素，哪怕這情緒因素非常細微。」換句話說，他們認為情緒感覺對於記憶體驗來說是必要的。

在另一項研究中，威廉．格雷（William Gray）發現，少年犯（他試圖教授他們新的行為）只會在認知沾染情緒基調時才會做出真正的改變，否則他們會「忘記」自己所學過的東西。其他研究者進一步發展了葛洛和格雷的發現，而他們得出的結論其實也差不多。相關的情緒或感覺是經驗中被記憶元素的先決條件。然而，如果出現極度的激發，情況又會如何？

危及生命的事件會刺激激發。神經系統為了因應這種情況，就會進入生存模式，而生物體就必須立即做出決定。為了完成任務，它會權衡現況的各種元素，並且進入研究模式。它會比較現在和過去，尋找可能有助於解決目前困境的反應。被記錄下來的記憶此時毫無用處，因為我們沒空翻查這些記憶，我們需要立即掌握全局。

我們會根據這些圖像的激發等級、活躍程度、情緒和反應將其組織起來。我們的經驗完形（格式塔）會按照它們發生時的活躍等級來進行分類。打個比方，好比有一間多樓層圖書館，每層的書架都擺滿了書，較低樓層裝的是活躍（激發）程度較低的書，而較高樓層則是擺放活躍程度較高的書。我們將書看作是承載與之活躍等級相同或同屬一類的意象和反應（相關圖像）的容器，每一層都有可供我們挑選的合適資源和反應，每當我們需要找出某個反應時，不必去翻遍整間圖書館，我們只需到合適活躍度的那一層去找書即可。

比如，在要對危及生命事件之中，完美做出適應性反應的情況下，神經系統會在活躍度和背景合適的樓層中搜索相關的重大影像和可能的反應。然後，它會挑選出一個並採取相應行動。它會搜索、挑選，然後行動。這種威脅—激發序列必須包含某種積極反應，否則人就會進入凍結狀態，無法完成反應過程。

對威脅生死事件做出的不適當反應永遠都無法自動完成，類似的例子就是神經系統不斷搜索合適的反應卻未能成功。因為神經系統未能找到這種關鍵資訊，憤怒、恐懼和絕望之類的情緒就會逐步升級，進而刺激進一步的活躍，迫使神經系統去搜索重要的影像。由於找到的影像與創傷情緒有關，這些影像本身也許會進一步刺激活躍，但又無法提供合適的反應來完成這個過程。反過來說，進一步升級的激發會促使神經系統更瘋狂尋找任何重要的影像。結果形成了不斷持續上升的螺旋，讓我們一直去尋找存儲在我們「書架」上的影像。隨著我們的情緒不斷升級，我們會愈來愈著急，想要找到適合眼前處境的反應，然後會開始飢不擇食，隨便選擇影像或「記憶」。所有被選中的影像都與高度激發和情緒狀態有關，但並不一定對眼下的求生有用。它們都會推波助瀾，加強「創傷渦流」。

任何伴隨某種影像的情緒活躍都會創造一種記憶經驗。人若在情急之下選擇了與某個相似情緒基調相連的影像，即使這些影像與當下情境不同，還是會產生某個「記憶」，這個記憶經常被視為確切發生的事實。因為有高層級的情緒附著於這個經驗，心理受創者便會將其當作事實。如果病患在診療時出現這種高層級情緒，這時該怎麼辦？治療師提出的任何建議或引導性問題幾乎都會成為這種不斷升級和收窄經歷的一部分。病患會開始將其看作絕對的事實，而且還會固執抓住其中的情緒，絕不放手。因此，我們理解記憶時，既要從相對的角度、也要從絕對的角度去理解它們。

我們若不那麼癡迷於尋找真正的事實，就能體驗到創傷渦流和治療創渦流之間有節奏轉換帶來的完滿而充滿悲憫的療癒。如果我們讓自己創造不一定絕對真實的「記憶」（如同瑪格麗特、莫里斯和其他人一樣），我們就是允許自己被治癒。雖然我們沒有真正擁有受情緒束縛的「事實」，我們卻能心懷悲憫關照自己的活力、力量和智慧。我們通常會隱約知道過去可能發生了什麼，適切看待自己的「記憶」，不強迫自己將記憶當作真切的事實，這才是聰明的做法。我們要接受一項事實，就是過往是經歷的融合，一切都是如此的模糊不清。

請記住，大多數記憶都並非對真實事件進行一個連貫且持續的紀錄，它只是一個過程，集中我們經驗中的各種元素，然後融合成一個連貫而有序的整體。此外，我們經常將受創經驗中的各個元素拆成碎片，以便弱化其中的情緒和感覺。因此，某個被我們記住的致創事件中，只有其碎片才可能是完全準確的。一般而言，對某個致創經歷的完整「記憶」更有可能是各種經歷的不同元素揉合在一起的結果。被置入這個「熔爐」的元素林林總總，可能來自我們的真實經歷，也可能來自我們讀書看報、聆聽故事、做夢囈想、觀看電影以及和朋友（或治療師）交談的經驗。簡而言之，具有相似情緒或感覺基調的任何類型感官或訊息輸入，都可能被用來形成「記憶」。就生物體而言，這些經驗元素都一樣重要，只要它們攜帶相似的激發類型和情緒感染。

體驗感知想要傳達的是「這就是我的感受」。然而，因為激發狀態啟動了強烈的搜索反應，體驗到這種激發的人很容易（無論正不正確）便將類似資訊解讀為導致活躍的「原因」，換句話說，就是把它當作事件的真實記憶。因為伴隨創傷而來的情緒都非常強烈，所謂的記憶會顯得比事實更加真實。此外，如果有來自群組成員或治療師、圖書或大眾媒體的壓力，經歷情緒痛苦的個體會尋找自身壓力的來源，因此會很容易接受這些被創造出來的記憶。所謂的虛假記憶就是這樣產生的。

不幸的是，許多治療師都用強烈的情緒釋放法治療創傷（或其他）症狀，正是這種情感推擠會讓人進入高度激發的狀態。一旦出現這種情況，我們就會看到這種被看作「真實」記憶的強大拼湊經驗浮現出來。記憶是否客觀準確並不重要，重要的是相關的活躍究竟是強化了還是化解了。鎖在神經系統中的未化解活躍必須被釋放，這種轉化與記憶沒有關係，反而與完成我們生存本能的過程有關。

記憶不是現實的連續紀錄，有些人很難接受這種觀點，因為它讓人感到不安。自己去過哪裡、做過什麼的記憶，與我們意識或潛意識中的個人身分認知密切相關。即便記憶並沒被視為個人認知的基礎，它還是被許多人當成寶貝。

我們若把記憶看作資訊、影像和反應的「混合體」，便開啟了通向自由的門戶。對精確記錄事件的固定記憶經常會限制和束縛我們。在某種意義上，當我們執著於具體有形的記憶，就會深受其限制，做出的事都與其有關。我們之所以陷入這種困境，乃是未化解的創傷會迫使我們重複我們做過的事情。我們很難會想到可以去創造各種新的可能性。轉化創傷的關鍵在於緩慢向靈活和自然的狀態前進。

我們心理受創之後，處理資訊的方式最終就會中斷，生物體會脫序散漫，失去流動性和正常歸類資訊的能力，此時必須重建生物體的正常自我組織功能。如果我們有專注於記憶的傾向（哪怕這些記憶大致是準確的），就要明白這種傾向讓我們無法擺脫創傷反應。轉化要求我們改變，其中一樣必須改變的，就是我們與自己「記憶」的關係。

以身為倖存者為榮

過去蘊含著未來。

——西部鄉村歌謠

心理受創者往往會尋找受虐記憶，以便解釋自己為何會感到受害和絕望，如今，受創者還需要為自己能夠倖存而感到自豪。能夠回想起可怕的情境並知道自己已經逃過一劫，這是重建自尊的重要元素。然而，這個元素雖然重要，但它與伴隨著真正治癒和轉化而來的化解感、掌控感和能力感相比，立馬相形見絀。「倖存者的自豪感」表示健康的機能正努力展示自身的力量，知道自己劫後餘生會讓人感覺良好，因為它能使受限制的（受創的）自我獲得力量和向外擴展，它讓人找到自己的身分，同時暗示圓滿，乃是開始療創之旅的良好起點。

不再認為「記憶是真實準確展現過去的事件」，並不表示要放棄擴展生命經驗、放棄對劫後餘生的肯定。我有一位病人曾在童年時期遭受西班牙裔幫派分子的虐待，他接受創傷治療時說道：「我不必再用記憶來解釋自己的經歷了。」

愉悅感和擴張感就是生物體正在進入治療渦流的證明。想讓治療渦流支持創傷轉化過程，關鍵在於要能摒棄自己的成見，亦即關於應該如何「記住」事件的看法。換句話說，你得允許體驗感知自由溝通，不去審查其交流內容。這雖然有點矛盾，卻並未否認一旦承認「真正發生了什麼」時所具備的解放意義。我們可以在治療渦流和創傷渦流之間自由移動時體驗到真理。我們很容易接受生活事件對我們的情緒影響，我們也有從惡夢中甦醒的能力。一旦我們從夢中醒來，就會感到驚奇和愉悅。

感受的勇氣

如果你想要知道一個事件是否「真的」發生過，我唯一能做的就是祝你好運，並且將你已經知道的內容再跟你講一遍，因為這是個不可能的任務。在這種情況下，我認為無論本書或其他東西，都無法幫助你瞭解你要尋找的真相。但如果你首要的目標是治癒創傷，那此處的內容將會對你很有幫助。

如果治癒創傷是你的目標，你首先應該要接受一點，就是「了解真正的事實」並不是你要考慮的重點。堅信它真的發生過、擔心它真的發生過、尋找證據證明它發生過，所有這些都可能阻礙你聆聽體驗感知想要告訴你關於治療的事情。

你要全心投入創傷治療，如此才能瞭解更多隱藏在你的反應背後的事實。儘管創傷使一切四分五裂，但生物體內部還保留著聯繫，而這些聯繫與導致生物體衰弱的事件有關。體驗感知也許會、也許不會將這些事件展露給你看，你要不斷提醒自己「沒關係的」，如果治癒創傷是你的目標，知不知道事實都無關緊要。

渴望和治療

創傷的治療過程是從內心開始。早在石膏打上我們的斷骨之前，骨頭就已經開始自我癒合了。物理規律會影響身體創傷的治療過程，心靈的創傷治療也遵循一定的規律。我們已經看到，人的智慧足以凌駕生物體的強大本能力量。

偶爾，心理受創者會固執己見，認為自己病了，並且可能沉溺於自身的症狀。有許多個（生理學和心理學的）理由可以用來解釋為什麼會有這種沉溺。我們不必探究這個主題。重要的是，我們不要忘記，愈不沉溺於症狀，創傷癒合就愈好。這就好像症狀透過我們賦予它們的力量，一個個成了實體。我們從心靈將這些症狀釋放之際，也要釋放鎖在我們神經系統的能量。

稍微借助朋友的幫助

一旦我們克服心靈痛苦，痛苦就永遠不會困擾我們了。

——創古仁波切（Thrangu Rimpoche）

我必須承認，我看過不少創傷治療的奇蹟，讓我很難去否認有更高形式的智慧和秩序。也許更好的說法是，世間存在著天然的智慧，其法則規範著宇宙間的秩序，這種智慧的影響力遠勝個體的過往歷史。那些你想像得到的可怕經歷，也必須遵循這些法則規範。如果宇宙間沒有神、沒有智慧、沒有老虎，怎麼可能發生這種事？努力應對創傷反應的人經常告訴我，他們在創傷治癒之後，生活既有原始動物的一面，也有靈性的一面，他們更自然隨興，不再吝於表達心情和快樂，也更樂於認同自己身為動物的經驗。此外，他們也覺得自己更具備人的品性。創傷被轉化之後，癒合帶來的好處之一就是我們會如同孩子般純真，並敬畏生命。

當我們被心理創傷壓垮時（然後被束縛），我們就屈服在自然法則的威力之下。我們失去天真時可以獲得智慧，而在獲得智慧的過程中，我們又會得到一種新的天真。本能的生物體不會有任何批判，只會順性而為，你只要不阻礙它即可。

在創傷渦流和治療渦流之間進出，從而與創傷進行重新協商，我們在這個過程中去遵循極性法則（law of polarity）。這種法則可供我們利用，足以協助我們轉化創傷，我們在轉化時還能直接經歷生命的律動。我們運用這些普世法則，開始去辨認構成現實的迴圈形態，最終會對生與死的關係有更高層次的理解。

第十五章

最後時刻：轉化社會性創傷

……我們有不少差異，但我們大體類似。除了相同之處和欲望，我們還有共同的自我核心，那是不可或缺的人性，其本質是和平，其表現是思想，其行為是無條件的愛。如果我們認同這個核心，認為它不僅存在我們身上，也存在別人身上，我們就能在生命的每一個層面都獲得療癒。

——瓊恩．波利森科（Joan Borysenko），《關照身體．修復心靈》（*Minding the Body, Mending the Mind*）

如今科技發達，全球人口爆增，天涯若比鄰，溝通無時差。然而，我們自身和整個地球卻面臨嚴重威脅。放眼世界，戰爭殺伐不斷，恐怖主義盛行，「超級武器」可能毀滅地球，貧富差距愈來愈嚴重，環境頻遭破壞，生態日漸惡化。市中心貧民區的居民年復一年飽受壓力、受到心理創傷、感受外界敵意和經濟壓迫日增，遂引發內心怒火，盛怒之下便肆意打劫傷人。富人互相吞併對方的公司，上演著原始血性、大魚吃小魚的戲碼。若再想到即將長大成人的年輕一代吸食毒品，隨時可能會施展暴力，未來前景就益發嚴峻和堪慮。

隨著全球人口增長以及我們的社區彼此愈來愈緊密聯繫，我們必須學會和諧共存和共同合作。如果我們不共同努力來解決大家面臨的問題，就會被這些問題摧毀。然而，個體和團體間似乎是鐵了心要彼此摧毀，而非進行協商去解決經濟、種族和國土問題。人們經常把戰爭爆發歸究於這些問題，但這些問題真的是癥結所在嗎？人類若想在這個星球持續存活，端賴我們能否回答前面的問題。

戰爭的根源深奧難究。只要誠實面對事實，就會知道人既能施展暴力，也能彼此關愛，這兩者都是人類經驗的基本層面。說到戰爭的根源，也許更重要的是要了解人很容易受創。別忘了，我們正是從戰場退伍的老兵所表現出的駭人症狀才對創傷的影響有了初步認識。正如前一章所述，如果我們不知道創傷對人的影響，創傷就會驅使我們不斷重現往事。

如果整個社會的人都礙於戰爭的影響而進行大規模的重現，情況將會如何？面對這種大規模的盲目強迫症，「新的世界秩序」只會演變成毫無意義的爭論。如果不先大規模治癒先前恐怖主義、暴力和恐懼帶來的創傷，征戰雙方不可能握手言和，享有長久的和平。促使重現的力量是否會驅使曾對別人發動戰爭的社會，開啟一次接著一次的對抗？你不妨根據證據去思考一下，然後自行下結論。

動物之間的打鬥

動物在獵食或交配期間通常都會出現攻擊行為。多虧了國家地理頻道和其他探討野生動物的節目，我們才能得知動物的這類行為。動物經常會殺死並吃掉其他物種，然而，涉及同一物種時，大自然似乎劃下了一條界線，而動物很少會去越界。雖然偶有例外，但同一物種的動物很少互相廝殺，甚至很少彼此攻擊至重傷。儘管出於進化需求，動物會互相攻擊，但多數野生動物都對同類相殘頗有禁忌。

在同一物種之內，動物已經演化出儀式行為，藉此防止致命的傷害。同一物種的動物表現出這類行為時，一是表明自己會發起攻擊，二是向對方發出信號，表示對抗已經結束。例如，雄鹿彼此對抗時，牠們會用鹿角去「撞頭」。衝突的目的不是要殺死對方，而是要確立統治地位。後續的打鬥顯然更像摔跤比賽，而非生死決鬥。當其中一隻雄鹿確立優勢地位時，另一隻就會離開，爭端就此劃上句號。另一方面，如果雄鹿遭到其他物種的攻擊，比如山獅，雄鹿就會用鹿角去刺攻擊牠的山獅。

同理，多數的狗和狼只會互咬，但不會咬死對方。有些動物會展示顏色、漂亮的羽毛、跳舞或者作勢威脅，以此決定哪一方是勝利者。有些動物甚至已經進化出特別致命的自我防禦武器，但牠們通常不會利用這種武器去對付同類。食人魚彼此打鬥時會用尾巴猛拍對方，響尾蛇則會彼此撞頭，直至有一方倒下為止。

儀式化行為往往還代表同類之間的衝突至此結束。兩隻動物之間的衝突經常以某種形式的順從姿態來結束（比如，弱勢一方四腳朝天，將腹部露給勝利一方看，表示自己落於下風）。在同一物種之內，這些舉動跟各種儀式化的打鬥一樣，受到物種內成員的廣泛認可和尊重。若是考慮到同種動物對食物、居所和交配具有同樣的需求，這一點就尤其難能可貴。不過，這些行為能夠確立有序的社會秩序和繁殖優先秩序，不但能提升物種的整體情況，也能讓物種得以綿延存續。

人類之間的爭鬥

在狩獵採集時代，人類之間的打鬥顯然也有侷限，彼此的行為有約束性，類似於動物的行為，運作得非常有效。然而，對現代「文明人」而言，情況顯然並非如此。我們身為人類，知道進化禁忌，亦即要跟動物一樣，不可同類相殘。一般來說，我們也有法律規範，會懲罰殺人的罪犯，但這些法律並不適用於戰場上的殺戮。

若是更進一步從人類戰爭史探究，人類並不會將殺死或重傷同類當作目標。證據表明，至少有一些族群對於大規模的暴力行為抱持謹慎的態度。有些民族會採用儀式化行為，而這類行為很類似於動物處理打鬥時的行徑。在愛斯基摩人的文化中，部落或相鄰社區之間的爭鬥聞所未聞。而在這些社區內部，對立雙方發生衝突時，也許會透過摔跤、打耳光或撞頭去解決紛爭。愛斯基摩人還會「鬥歌」來解決衝突，雙方各自編出應景歌曲獻唱，由觀眾決定哪一方獲勝。此外，某些「原始」部落一旦發現有人傷亡，便會立即終止打鬥。

以上是人類儀式化行為的範例，做這類行為是要避免同類相殘。我們發現，從生物學的角度來看，人類會更容易運用智力去壓倒同類，而非憑藉牙齒、毒液、利爪或力量。難道智力就是專門被用來為折磨、強暴、死亡和暴力服務的嗎？如果你經常收聽新聞，也許會心想，好像確實是如此。

人類為什麼要互相殘殺和彼此折磨？

動物為了搶奪食物和領地而打鬥時，通常不會殺死同類。但人類為什麼會這樣呢？如今人類數量日增，究竟發生了什麼才會讓大規模殺戮和暴力不斷增加？目前有很多討論戰爭的理論，但人們似乎尚未廣泛承認一個根本的理由。

心理創傷是引發現代戰爭的最重要根源。烽火連天，持續不斷，戰事日漸升級和暴力橫行，這些或多或少皆可歸因於創傷後壓力症候群。人類的過往衝突在人們的心裡遺留了恐懼、隔閡、偏見和敵意。這種創傷後遺症跟身體遭受的創傷沒有區別，只是規模大小不同而已。

創傷性重現是人受創後最強烈且最持久的反應之一。人一旦心理受創，肯定會繼續以某種形式重複或重演過往經歷。我們會一次又一次被捲入能讓我們想起初始致創事件的情境。人一旦在戰爭中心理受創，後果將會不堪設想。

我們回顧一下我們迄今瞭解的創傷知識。人受創之後，內在系統會持續處於激發狀態。我們會過度警覺，卻不知無處不在的威脅來自何處，於是不斷感到恐懼，體內反應也不斷升溫，讓我們更急於找出威脅來源。最終結果是：我們可能會重現往事，四處尋找敵人。

現在想像一下，假使某個國家的全部百姓都有類似的創傷症候群，這會出現什麼情況？再想像一下，如果處於同一地理區域，但語言、膚色、信仰或傳統不同的兩個國家人民都有心理受創史，這又會如何？這些民眾處於不安的激發狀態，而且不斷感到危險，而這一切終於有了「解釋」。威脅已經被鎖定：正是他們，對方是我們的敵人，想要殺戮、殘害和毀滅的衝動愈來愈強烈——這兩個「鄰居」似乎被迫相互殘殺。他們毀掉對方的家園、希望和夢想，結果也毀掉自己的未來。

雖然戰爭的原因很複雜，幾乎無法歸究於單一理由，但兩個相鄰國家確實有向對方宣戰的傾向。縱觀信史，這種模式早已經反覆上演了無數遍。心理創傷令人驚懼，有可能以暴力的形式重現。塞爾維亞人、穆斯林和克羅西亞人反覆施展暴力，如同第一次和第二次世界大戰的即時重播，此等殺伐甚至可追溯到鄂圖曼帝國。中東國家彼此征戰殺伐，甚至可以追溯至聖經時代。某些地區沒有反覆受到戰爭肆虐，其他形式的暴力卻仍然橫行。謀殺、貧窮、無家可歸、虐待兒童、種族和宗教仇恨以及迫害，這些無不與戰爭有關。戰爭必定會讓人受創，此等惡果無可迴避，還會深入社會的每個角落。

創傷迴圈，慈悲迴圈

健康的嬰兒生來就會做出各種複雜的行為，以及會有各式各樣的感受和感知。這些元素是專門為了幫助他們探索和建立聯繫，最終能夠做出健康的社會行為。如果嬰兒生下來就飽受壓力和受到創傷，這些提升生命的行為就會受到干擾。這些孩子將不再探索以及和他人建立連結，反而會被抑制，感到害怕和舉止畏縮。他們成為兒童和成人之後，會不那麼融入群體，而且更有暴力傾向。健康的探索和連結似乎是化解暴力和消弭戰亂的解藥。

轉化文化性創傷

個體的創傷後遺症可以轉化，戰爭給社會帶來的創傷後遺症也能夠化解。人可以而且必須攜手合作，要積極分享，不要逞兇鬥狠；要轉化創傷，不要製造創傷。我們應從小孩著手，他們可以搭起友誼的橋樑，讓我們與仇人捐棄成見，彼此親近和建立連結。

幾年以前，詹姆斯・普雷斯科特博士（Dr. James Prescott）（當時與美國國家精神衛生研究院〔the National Institute of Mental Health〕一起合作）針對原住民社會中的育兒習俗對暴力行為的影響，進行了重要的人類學研究[1]。普雷斯科特指出，在養育中有親密肢體接觸並採用有節律刺激性動作的社會，暴力發生的機率較低。在與自己的孩子肢體接觸較少或者有懲罰性肢體接觸的社會，則明顯表現出暴力傾向，其表現形式包括戰爭、強暴和折磨。

普雷斯科特博士等人的研究指出我們根據本能就知道的東西：出生前後和嬰兒時期是關鍵時期。孩子在很小的時候，就會吸收和內化父母對待彼此以及與世界打交道的方式。父母若是受過創傷，就很難教會孩子去擁有基本的信任感。孩子一旦欠缺這種信任感，就更容易遭受創傷。要想打破這種創傷迴圈，其中一個辦法就是在孩子完全吸收和內化父母對自己和他人的不信任感之前，就讓嬰兒和他們的父母去激發信任感和建立連結。

如今有一個振奮人心的工作正在挪威展開。我的同事埃爾比格・懷迪（Eldbjurg

Wedaa）和我，正在運用我們對嬰幼兒這段關鍵時期所掌握的知識，讓整個團體的人的痛苦遭遇得以轉化。我們需要一個房間、一些簡單的樂器，以及能承受一位嬰兒體重的毯子。

過程如下：來自對立派別（宗教、種族、政治等等）的母親和嬰兒組成的一個團體，帶到某人家裡或某個社區中心。這些媽媽和嬰兒輪流互相教導各自的民歌。這些媽媽抱著自己的孩子，邊搖邊跳，對孩子唱著歌曲。一位協調員用簡單的樂器為他們伴奏。那些動作、節拍和歌聲強化了神經模式，讓人漸漸放下戒心，願意去接受彼此，因數代人的爭鬥所產生的敵意便逐漸化解。

孩子們起初對身旁的事困惑不已，但很快就愈來愈感興趣，然後逐漸融入進去。孩童對協調員遞給他們的搖鈴、鼓和鈴鼓很感興趣。這個年齡的孩子若是沒有受到節拍刺

原注1：《身體、快樂和暴力的起源》（*Body, Pleasure, and the Origins of Violence*）——《未來主義雜誌》（Futurist Magazine），一九七五年，四月／五月——《原子科學家》（Atomic Scientist），一九七五年十一月。

激，通常只會將這些東西往嘴裡塞。然而，在場的孩子卻興高采烈，照著節拍晃動這些樂器，不斷高聲喊叫或呀呀說話。

嬰兒打從呱呱墜地起，就是高度發達的生物體，他們發出的信號會喚起媽媽內心深處的寧靜感以及回應和生物反應力。在這種健康的關係中，母親和嬰兒彼此做出讓對方愉悅的生理反應，他們相互依存，激起自身的安全感和愉悅感。創傷損傷的迴圈正是由此開始轉化。

隨後，母親們把孩子放在地上，任由他們去探索，而轉化過程就這樣持續著。就像發光的磁鐵一樣，這些孩子快樂地向對方爬過去，克服了羞澀的障礙，而與此同時，母親則在孩子周圍圍成一圈，靜靜給他們加油打氣。很難描繪或想像這種小小的冒險所能帶來的聯繫，各位得親眼目睹才能明白。

然後，大組被分成小組，每一組包含來自不同文化的母親和嬰兒。兩位母親把孩子放在毯子裡輕輕搖著，這些孩子不只是開心，而是「幸福欣喜」。他們讓屋內充滿了愛，這種愛富有感染力，於是母親們（以及父親們，只要父親帶小孩符合他們的文化）開始向對方微笑。兩位之前還彼此害怕且不信任的人，如今卻能建立深厚的連結。這些母親帶著全新的心境和態度離開，熱切盼著與他人分享這種感覺。這個過程會自我複製。

這種社區健康治療法的美妙之處在於，它很簡單卻十分有效。一個外來的協調員可引導第一小組開始這個過程。然後，參與的母親經過培訓後，可成為其他小組的協調員。協調員需要具備的特點是，要能掌控時間以及對人際關係非常敏感。根據我們的經驗，某些人只要親身參與和聽講之後，很快便能學會這些技巧。這些母親在培訓完畢之後，就成了所在社區的和平大使。

阿基米德曾說：「給我一個支點，我就能舉起地球。」如今世界充滿衝突，各地毀滅不斷，人們飽受創傷。我們發現，舉起地球的支點就在母親和孩子親密的肢體接觸和有節奏的晃動中。前文描述的經歷能夠團結人們，讓大家再度和諧共處。創傷對每個人的影響都不一樣，我們都得承擔責任來自我療癒。如果我們繼續彼此征戰，要想治癒多數人就只是空想，如同夢幻泡影。

相鄰國家可以打破數代以來一直劫持他們的毀滅、暴力和創傷迴圈。只要能夠運用人類生物體追求和平的活力，哪怕我們深陷在創傷性自我防禦的羅網裡，我們也能利用這種能力，逐漸讓我們的社區變得更安全，這不僅是為了我們自己，也為了我們的下一代。我們建立安全的社區之後，便可以開始治癒我們的創傷，治癒這個世界的創傷。

結語或墓誌銘？

有位美國村民哀歎：「我和鄰居將老死不相往來。」在美國的內陸城市，壓力已經上升到即將造成社會混亂崩潰的程度。在北愛爾蘭，宗教信仰不同的百姓雖然只有一牆之隔，卻看著自己的孩子與別人的孩子互相鬥爭，而不是一起玩耍。

沒有遭受過創傷的人喜歡與他人和諧相處。然而，創傷卻會使我們相信，我們無法戰勝對彼此的敵意，從而心生誤會，讓我們一直與對方保持距離。前述建立連結的方法只是用來解決這個嚴重困境的其中一種解方而已。如果我們有時間和金錢援助的話，便可以開發出其他方法，將孕婦、稍大一點的兒童和父親帶進這個和平共存的圈子。

這些方法並非靈丹妙藥，只是一個開端。它們給無法單靠政治方案解決的地方帶來了希望。伊拉克和南斯拉夫的大屠殺與各種衝突，以及底特律、洛杉磯和其他城市的暴動，這些衝突都會給全球社區帶來心理創傷。它們明顯指出，如果任由創傷迴圈持續下去，整體社會將付出高昂的代價。我們必須積極尋找有效的解決之道。人類這個物種能否存續下去，都將押注在這點上面。

大自然絕非傻瓜

創傷不容忽視。自古以來，創傷就是人類生物體的一部分。個體或群體若想避免重現致創往事，唯一的方式就是透過重新協商來轉化創傷。無論我們是透過群體體驗（薩滿做法）或單憑己力來轉化創傷，都得採取行動。

第四部分

創傷急救

第十六章

事故之後的情緒急救

本章講述替成年人實施急救的詳細步驟。以下是基本的案例，包含事故發生時的可能情況，以及如何避免傷者的創傷進一步加劇。然而，此處只是提供基本的指南，你需要因時因地制宜，做出最佳的判斷。

情緒急救的基本指南

第一階段：立即採取行動（在事故現場）

- 如果有危急性命的情況時，必須優先進行急救醫療程序。
- 讓傷者保持溫暖並躺下，不要任意移動，除非留在原地會有進一步的危險。
- 傷者可能會動來動去，請試著阻止。通常傷者這時會覺得必須做點什麼，或是想要採取一些行動，但這樣反而會干擾身體保持靜止和釋放能量的基本需求。他們也許也會否認事故的嚴重性，表現出自己好像沒事一樣。
- 陪在傷者的身邊。
- 向傷者保證你會一直陪在他們身邊，也告知有人會來幫助他們（假設情況如此）。告訴傷者，雖然他們受傷了，但一定會沒事的（請運用你的判斷力，如果他們傷得很嚴重，就別這樣安慰他們）。

- 讓他們保持溫暖，可以給他們蓋上一條很輕的毯子。
- 如果事故不是很嚴重，不妨鼓勵傷者去體驗身體的感覺，好比：「腎上腺素激升」、麻木、顫慄、感覺熱或冷等等。
- 一直待在現場，協助傷者釋放能量。
- 讓他們知道，顫慄不但沒關係，而且是好事，可以幫助他們釋放所受到的驚嚇。他們發抖以後會有如釋重負的感覺，手腳也許會感到發熱。後續應該會呼吸更得飽滿和更輕鬆。
- 在這一個階段應該要花掉十五到二十分鐘。
- 救援人員抵達以後，如果可能的話，請繼續待在傷者身邊。
- 如果必要的話，也找人協助。

第二階段：傷者被送回家或送往醫院以後

- 繼續使他們保持平靜，讓他們靜心休息，直到他們擺脫強烈的衝擊反應。
- 傷者通常要請假一到兩天，稍作平復與整理，這一點很重要，哪怕他們認為自己只是受到一點輕傷而已，不需要請假（這種抗拒是一種常見的否認機制，是抵禦絕望無助的一種方法）。如果常見傷勢（比如頸椎撞擊）的康復階段一開始就被忽略，病況就會加重，日後會需要更長的時間來康復。此時休息一到兩天比較保險。
- 在第二階段，倖存者可能會開始表現出一些情緒。要讓他們自由感受這些情緒，不可加以批判。這些情緒可能包括憤怒、恐懼、痛苦、內疚和焦慮。
- 傷者也許會繼續有一些身體感受，比如顫抖和打冷顫等等，這些都沒關係。

第三階段：開始觸及創傷，並與創傷重新協商

這個階段經常與第二階段同時發生。它對我們碰觸儲存的創傷能量而言是非常必要的，如此一來，我們才能將這些能量完全釋放出去。

阿赫特・阿森仔細研究過人在創傷前、創傷時和創傷後遇到的情況。要讓人們回憶周邊景象、他們體驗到的感覺和感知，而不只是與事件有直接相關的東西。

- 在這幾個階段之中，你要注意，人在討論自身經歷時可能會非常激動或焦慮。他們的呼吸也許會發生變化，變得非常急促，他們的心率也許會增加，或者可能會出一身汗。如果有這些情況，請先暫停，將注意力集中到他們身體感覺上，比如「我的脖子很疼」或「我的胃好難受」。
- 如果你不是很確定，不妨問他們當下有什麼感覺。
- 當他們顯得較為鎮定和放鬆些時，請他們詳細談一談他們的經驗和感覺。他們也許會輕微發抖和顫慄，你要告訴他們，這些都是正常現象。你也要向他們指出，

啟動反應正在減弱，而你正在引發這些能量，要將其釋放出去。這個過程被稱為滴定（titration，一次邁進一小步）。

下面是這個過程的每一步驟中可能被體驗到的事物，以及步驟的推進順序。

事件發生以前

- 行動——我離開屋子，進入了車裡。
- 感知——我能感覺到我的手臂轉動方向盤，我的頭扭過去往後看。
- 感覺——我感到有點不安。
- 影像——我在高速公路上開車，我注意到一個出口。
- 想法——我原本要從那裡下高速公路，但我沒有（鼓勵傷者轉彎，或者從那個出口出去。這會幫助他們重組經歷並釋放創傷，即便他們其實並沒有轉彎而發生車禍）。
- 讓傷者身體慢慢釋放能量。

事件發生以後

現在轉向事件發生以後的細節。

- 影像或回憶——我在急診室。醫生在談論我，說道：「這個人傷得很重，這時不要再有傷患來了。」
- 感覺——我感到很內疚。
- 想法——如果我有多留意的話，是可以避免車禍的。
- 如果傷者激動起來，就引導回到當下，將注意力集中到身體感覺，直到能量被釋放出去為止。在這以後，你可以溫和引導他們回到先前的細節。正如先前所述，這個人顫抖和釋放以後，會有如釋重負的感覺，他會感到四肢發熱，呼吸會更飽滿有力。

事件發生前的那一瞬間

當你順利回顧了事故發生前後的細節，傷者最早意識到危險即將來臨的那一瞬間的感覺、感知和影像，情況也許是這樣的：

• 影像——我記得看到一個黃色的擋泥板出現在車的左側，靠得非常近，我還能看到那裡有個停車標誌，但是那輛車並沒有停下來。

• 感覺——那個司機竟然沒有注意到停車標誌，我很生氣。

• 感知——當我抓著方向盤時，我感到背部緊繃。

• 想法——好像突然覺得：「噢！天哪，我要撞上了……我要死了！」

當傷者釋放時，你也許會發現，牽涉事件的影像可能會有所變化。

第四階段：經歷撞擊的那一刻

人在回顧撞擊的那一刻時，也許會聽到玻璃破碎的聲音、金屬的碰撞聲或看到自己的身體扭曲或被甩出去。通過體驗感知去探索事發當場的一切。出現反應時，身體也許會自發做出動作（動作通常很輕微）。預留十五到二十分鐘，讓動作結束，將注意力集中到身體感覺上，以幫助釋放能量。當人釋放能量以後，會有如釋重負的感覺，隨後常常會感到四肢發熱。

人也許會感覺自己的身體快速向兩個方向延伸，比如：「當我蜷縮在擋風玻璃後面時，我感到自己背部肌肉緊繃，將我向反方向拉伸。」你要讓他們放心，告訴他們沒事，給他們留點時間，慢慢等待這些動作過去。有些人現在也許會重新經歷一些更強烈的驚嚇反應，比如發抖和顫抖。你要鼓勵他們，告訴他們已經有進步了。

人們也可能會感覺自己完全避開了事故，或者，他們可能會在此處概述的不同階段之間相互穿插。只要他們沒有完全避免某些層面，特別是撞擊的那一刻，這樣就很好。

你要待在這個階段，直到你能推斷出當事人在某個點可以完全如釋重負。他們的呼吸會變得更放鬆，他們的心率會更平穩，要達到這一點，有時得花一個小時。如果有需要的話，你可以從停止的地方開始，花兩到三天繼續完成整個過程。與其努力催促對方，期望在一次約診中便完成這個過程，慢慢來的引導似乎更為妥當。你也許需要再慢慢將他們帶回來，帶回到未完成的地方好幾次，好讓過程充分完成。

最後

在順利完成所有的階段以後，再次描述整個體驗，並尋找激發反應之處，如果當事人仍感到不舒服，可能是之前忽略了一些細節，可試著在進行最終回顧時加以化解。如果當事人的不適症狀持續著，或者又有新的發展，此時就必須暫停，並檢查每個必要的步驟。

其他經歷引發的感覺或回憶可能也會浮現，你可以再依照上述的過程，藉此化解其他未解決或與此不相干的創傷。這整個過程偶爾會進展得非常緩慢，又持續很久。如果當事人時不時就會遭遇事故，這樣做可以重建他天生的韌性和定向反應能力，讓他以後不會再發生類似的事故。

車禍發生後的治療情境

我正在開車，一輛車因為沒注意到停車標誌，突然從一條交叉的小路衝過來。那個司機沒有看到我，撞到了我的左側。我也是到了最後一刻才看到他，根本就來不及避開。

我在車裡坐了一會兒，呆若木雞。等我發覺自己沒事以後，我便下車去查看損壞的情況。車子被撞得很慘，但我並不擔心，因為那個傢伙有保險，警察回報時也會認定事故責任在他。我還發現自己當時在想，不管怎麼樣，我都要把車子重新烤漆一遍。我感覺很愉快，甚至有點興高采烈。我高興的是，我輕輕鬆鬆就擺脫這場事故的陰影，我在那天稍晚還參加了一個很難搞定的商務會議。我做了充分準備，現場應對得非常好。然而，我隔天卻感到有點焦慮不安。脖子、右肩和右臂都很僵硬，這讓我非常驚訝，因為我明明是被撞到左邊。

當事人喬（我們就稱發生車禍的這個人為喬）回顧事故發生當日稍早的情景（事件周邊的情況），在朋友湯姆的幫助下一起解決了這件事情。喬記得當天要開車去上班，在車上時還生著妻子的氣。他回憶這些時，感覺下巴咬得很緊而且在顫抖。喬的身體開始發抖，他感覺身體好像快要失控了。他的朋友湯姆安慰他，說他會沒事。喬停止發抖並感到輕鬆一點之後，便繼續去探究事故發生前的更多細節。

喬記得把車倒出車道，將頭轉向右邊，查看自己要去的方向。他感到手臂在轉動方向盤，與此同時，他注意到因為自己當時很生氣，於是便狠狠踩了油門。當他腳踩剎車去減速時（他從腿部肌肉感覺到自己做了這個動作），他感到右腿肌肉緊繃。喬受到湯姆的鼓勵，停頓了一下，去感受右腿的緊繃和放鬆感。當他將腳從油門移到剎車，然後又移回到油門時，他感到雙腿有點發抖。

然後，喬記起他沿著街道開車，感覺自己想回家跟妻子談談。在湯姆的鼓勵下，他想像自己調轉車頭回去，然後感覺自己的右手臂疼痛，而且疼痛不斷加劇。當他們將注意力集中到這種感覺時，疼痛開始消退。他們把注意力集中到喬想要掉轉車頭的欲望上。這一次，喬在自己的身體和頭腦裡完成了掉頭的動作，想像他正開車回家，打算解決他跟妻子之間的問題。喬跟她說，他在前晚的派對上感覺心裡很受傷，因為她似乎一直忽視他。妻子告訴他，說她只是想融入別人，不想太依賴他。妻子還解釋說，她並不是故意這樣對他，說她對這段婚姻很滿意。喬感到如釋重負，感覺自己更加瞭解妻子，也更加欣賞她了。他還在想，如果他之前能夠去解決自己跟妻子之間的問題，是否就不會被那輛開過來的車撞上了。此時此刻，喬有一種釋然的感覺，他覺得發生這場車禍，自己也有責任，雖然對方很顯然沒注意停車標誌，要負很大的責任。

然後，湯姆讓喬描述一下車禍發生之前那一瞬間的路上細節，不過喬聲稱自己記不得了。喬開始描述所能回憶的情況時，感到兩個肩膀繃得很緊，而且愈來愈緊。他感到自己的身體向右邊移動，然後看到閃爍的陰影。湯姆要喬去看那個陰影，而喬看那個陰影時，開始看到一輛車有一塊黃色的東西（定向反應）。喬試圖回憶更多的影像細節時，發現自己看到了一塊擋泥板，然後透過那輛車的擋風玻璃，看到了司機的臉。喬從對方的表情可以看出，他完全沒有發現自己剛剛沒看見停車標誌就衝了過來。那個傢伙似乎正在想別的事情。湯姆問喬有什麼感受，他說他生那個人的氣，簡直想殺了他。湯姆鼓勵喬想像他正在砸毀那輛車。喬看到自己拿了一把大錘子，把那輛車砸得粉碎。他現在愈來愈激動（比先前更激動），他的手在顫抖，而且變冰冷了。湯姆說了一些安慰的話，幫助喬度過這個能量釋放的過程。過了一會兒，喬感到自己的呼吸變得均勻，肩膀和下巴也開始放鬆，不再打哆嗦了。他有一種如釋重負的感覺，現在又感到手變暖了。他感到很放鬆，同時又保有警覺。

喬現在注意到他的肩膀提起來且往右偏。他意識到他聽到金屬撞擊聲以後，自己的手臂是想要向右打方向盤。湯姆讓喬暫時忽略那撞擊聲，將注意力集中在覺知上，完成向右的轉向。喬在自己的身體內完成了轉向，「避免」了這場車禍。他先是有點微微發抖，然後感到非常非常地輕鬆，雖然他知道車禍已經發生了。

湯姆讓喬回到他初次看到黃色擋泥板並透過擋風玻璃看到那個人的那個瞬間，從這個時間點開始，他們向他初次聽到金屬撞擊聲那個時刻轉移。喬體驗到這些影像之後，感到自己的身體被拋向左邊，與此同時，又被人往反方向拉過去。他感到自己被往前推，而他背部的肌肉卻把他往後拉，雖然沒有成功。湯姆鼓勵喬繼續去感覺背部的肌肉。喬將注意力集中到背部肌肉時，感到那些肌肉愈來愈緊繃。然後，他感到一陣微微的恐慌。就在那時，喬背部的肌肉放鬆了下來，他出了一身汗。他強烈顫抖了幾分鐘，此後他發現自己很平靜，感到很安全。

喬知道車禍已經發生，他知道自己曾竭力去避免發生事故，他知道他曾想調頭回去跟妻子談談。這些經歷對他來說都一樣真實，並不是說其中某部分是真的、某部分是虛構的，這些都是同一事件可能發生的結果，它們都一樣真實。

喬創傷的能量被釋放了出來，幾天之後，他右臂和脊部的症狀都幾乎消失了。重要的是，我們知道喬體驗到的痛苦與他先前產生卻沒有完成的衝動有關。第一個衝動是將方向盤向右打，回去跟他妻子談談；第二個衝動是向右轉以避開車禍，第三個衝動是試圖將他往後拉的背部肌肉。喬被鼓勵去完成了每一個衝動，所以能將存儲在體內的那些與衝動有關的能量釋放出去，即便這是在事故發生之後才完成的。

我們可以看到，這個過程提供了一種方法，促使各種反應完成，讓各種影像更緊密聯繫（彼此關聯）起來。被壓縮的影像得到了擴展，而且因為反應一步一步逐漸完成，能量得以被逐步宣洩，最終得以完全釋放出去。

第十七章

孩童創傷急救

推遲出現的創傷反應

五歲的小約翰驕傲地騎著自己的第一輛自行車，結果輾到小石頭，猛力撞向一棵樹。他撞樹以後，瞬間失去了意識，過了一會兒才站起來，淚眼汪汪，有點分不清東南西北，覺得哪裡不大對勁。他的父母趕緊上前擁抱他、安慰他，然後又把他放回到自行車上，而且不斷說他很勇敢，一點也不知道小約翰有多麼驚恐和害怕。

在這個顯然很小的事件過去多年之後，約翰開著車載著妻子和孩子，猛打方向盤想躲避迎面而來的一輛車。他突然身體凍結，整個人呆住了。幸運的是，對方順利調轉方向，避免了一場橫禍。

幾天後的一個早晨，約翰開車上班時感到坐立不安。他的心臟開始怦怦劇烈跳動，兩手也發涼出汗，約翰感覺到威脅和陷入困境，突然有一股想跳車逃跑的衝動。他意識到這種感覺「很瘋狂」，不過在察覺到沒有人受傷後，這些症狀便逐漸平息了。然而，一種若有似無的憂懼感始終在他的心頭縈繞不去，一直覺得心神不寧，直到那天晚上平安返家以後，才頓時感到如釋重負。

隔天早上，約翰很早便出門以避開車流，然後跟同事一起討論事情而待到很晚。他回家時很煩躁和緊張，先跟妻子吵了架，又對孩子們大吼一通，然後便早早上床睡覺。他在半夜醒來，迷迷糊糊回憶起一個夢，在夢裡他的車失去了控制，他嚇出了一身冷汗。之後一連幾個晚上，他也都感到煩躁不已。

約翰體驗到的是童年時期那場自行車事故引發的延遲創傷反應。雖然看起來不可思議，但這類創傷後反應其實很常見。我治療受創患者已有二十五年以上，可以說我的病患中至少有一半人的症狀都是潛伏了很久才浮現出來。許多人遇到致創事件之後，通常會在六個星期到八個月之間顯露創傷症狀。然而，潛伏期也可能長達數年或數十年。無論哪種情況，創傷反應經常都是由似乎很不起眼的事件所引發。

當然，並非每個童年事故都會引起延遲性的創傷反應，有些事件根本就沒有後遺反應。但有些事件（包括一些看似「微不足道」且被遺忘的童年事件）卻可能產生影響深遠的後遺症。一次跌倒、一場看起來輕微的外科手術、父母死亡或離婚、嚴重的疾病，甚至割包皮和其他常規手術，這些都可能會造成創傷反應，一切都取決於孩童在事件發生當時的經驗。

在這些導致創傷的事件中，醫療手術不僅最常見，也可能影響最深遠。許多醫院（無意中）讓原本已經驚恐萬分的孩子感到更恐懼。像是在執行一些例行手術的準備時，嬰兒會被綁在手術臺上，用皮帶固定住，以避免他們亂動。然而，一個努力掙扎以至於需要被綁住的孩子，就是因為太害怕被限制行動才會不顧後果的想要逃脫。同樣的道理，被嚇壞的孩子在恢復平靜之前也不適合進行麻醉，孩子若在驚恐中被哄騙而遭到麻醉，幾乎都會遭受心理創傷，而且通常是很嚴重的心理創傷。即使在無意識狀態下被灌腸或肛門被放入溫度計，都可能會讓小孩心理受創。

如果醫務人員能做到以下幾點，都可以避免許多與醫療手術相關的創傷：

1. 鼓勵父母跟孩子待在一起。
2. 事先盡量向孩子解釋醫療過程。
3. 等到孩子鎮定下來之後再動手術。

但問題是，醫療人員幾乎不清楚創傷或這些手術會帶來持久且深遠的影響。雖然醫務人員會關心孩子的健康，但他們也許需要從你（亦即病患）獲得更多的資訊。

事故和摔跤之後的急救

人從小時候一路到大，難免會發生事故和摔倒，但通常大家都只會覺得是受點皮肉傷，然而，這些日常事件偶爾會給孩子帶來嚴重的創傷反應。就算各位親眼看到這類小事故，也不一定能意識到情況究竟嚴不嚴重。孩子可能會因為大人眼中看來微不足道的事而心理受創。父母必須要知道，孩子會表現出沒有受創的模樣，尤其是他們覺得「沒有受傷」會讓爸媽開心。你若想回應孩子的需求，最好要先對一切有全盤的了解。

以下列出一些參考方針：

首先留意你自己的反應，從內心感受你對受傷孩子的關心和擔憂。深吸一口氣，然後慢慢呼氣，覺察體內的感覺。如果你感到不安，重複一遍上述的動作。你要好好花點時間讓自己鎮定，這樣才能更全心全意去關注孩子，同時又能盡量不在看到孩子的反應之後感到恐懼或困惑。如果你能花點時間打起精神，你就能看清情況，讓你將注意力集中在孩子身上。如果你情緒過於激動，就有可能嚇到孩子，如同事故對孩子造成的驚嚇一樣。孩子對大人的情緒狀態非常敏感，對父母的情緒狀態尤其敏感。

讓孩子保持平靜。如果孩子的傷勢很嚴重，你需要立即協助行動，請抱著或扶著他們，即使他們似乎自己還能動。有些孩子會為了逞強，表現出自己還能動的樣子，他們這樣做往往是為了否認自己感到恐懼。如果你發現孩子有點冷，不妨拿件毛衣或毯子裹住他的肩膀和身體。

鼓勵（若有必要，甚至得堅持）孩子在安全的地方充分休息。如果你注意到孩子有驚嚇或暈眩（眼神恍惚、面色蒼白、呼吸急促或較淺、顫抖、搞不清方向、覺得自己身在別處）的跡象，鼓勵他們休息就特別重要。如果孩子特別情緒化或者過於平靜（暴風雨前的寧靜），他們也更需要休息。你得先自己放鬆和平靜下來，這樣才能讓孩子安定下來。你不妨輕輕抱住孩子，你可以將一隻手輕柔放在孩子的後背心上，讓孩子感到你在安撫他，同時不會擾亂他的正常身體反應。過度輕拍或者搖晃，有時會打斷孩子的恢復過程（就像過於熱情的孩子會把事情搞砸了：胡亂拍著受傷的小鳥，反而會害了小鳥）。

在孩子的茫然表情逐漸消失後，小心引導孩子，讓他將注意力集中到他的感知上。輕聲問孩子：「你的身體裡有什麼感覺？」慢慢地、靜靜地去詢問（你身體有不舒服嗎？），然後等孩子點頭或有其他反應。你稍後可以提出更具體的問題：「你哪裡感覺不舒服？」（讓孩子指給你看）。如果孩子指向某個具體部位，你就問：「你的肚子（頭、手臂或腿）有什麼感覺？」如果孩子說出具體的感覺，你可以輕聲詢問具體的位置、範圍、形狀、顏色、重量和其他特徵。溫和引導孩子去關注當下的此刻，比如，「那個腫塊（疼痛、擦傷、灼傷等）現在有什麼感覺？」

在發問時要停頓一下子。這可讓孩子完成正在經歷的週期，不會因為你提出另一個問題而分心。如果你不確定某個週期是否完成了，可以等孩子給你暗示（深呼吸放鬆、停止哭泣或顫抖、伸展身體、露出微笑、眼神接觸或避開眼神交流）。完成週期也許並不表示恢復過程已經結束。另一個週期也許會接續出現。繼續讓孩子關注自己的感知幾分鐘，以確保整個過程能夠順利完結。

不要挑起話題去談論事故。以後還有很多時間，可以用講故事、玩耍或畫圖來討論這件事，現在要先釋放能量和放鬆休息。

要認定孩子在這段期間的身體反應是正常的。當孩子從震驚中走出來之後，經常會開始哭泣或發抖。如果你想終止這個自然過程，請你千萬要忍住。人透過身體反應去表達痛苦時，這段過程需要持續下去，直到它自行停止或達到平衡為止。通常要花好幾分鐘才能完成這個過程。研究指出，孩子出事之後若能抓住這個釋放機會，日後就比較容易從創傷中恢復正常。

你只要讓孩子知道哭泣和發抖是正常和健康的反應。用手扶住孩子的背部或肩膀去安撫他，同時輕聲對孩子說「沒事了」或「把你的害怕說出來很好」，這樣會對孩子有極大的幫助。你首先要為孩子創造一個安全的環境，讓他完成對受傷做出的自然反應。你要相信孩子天然的自癒能力，信任你自己，相信你能讓孩子自癒。不要意外打斷這個過程，不要改變孩子的姿勢，不要轉移孩子的注意力，不要緊緊抱住孩子，也不要為了讓自己感到舒適而離孩子太近或太遠。要注意孩子何時開始重新對外界定向。定向代表整個過程已經完成。

最後要留意孩子的情緒反應。一旦孩子表現出有安全感和鎮定的樣子（過程前出現不好，之後出現則很好），騰出時間讓孩子敘述發生的事情，或者將事件重現一遍。你一開始時可以讓孩子跟你講講發生了什麼，孩子也許會生氣、害怕、傷心、尷尬、羞愧或內疚。跟孩子講你（或者你認識的某人）也有過這樣的感覺，或發生過類似的事件。

讓孩子知道他的一切感受都是「正常的」，而且值得去關注這些感受。採取這些急救措施時要信任你自己不要太糾結於自己到底「做得對不對」。

心理創傷有時是難以避免的，誰都可能遇到這種情況。然而，創傷是可以治癒的。它是一個被阻斷的過程，但這種過程只要一有機會，都會自我完成。如果你創造出機會的話，孩子就會完成這個過程，從而避開讓人飽受折磨的創傷後遺症。

解決創傷反應

找到機會來治療創傷跟瞭解某個國家的風俗習慣一樣，並沒什麼困難的，只是要瞭解其差異而已。你和孩子必須走出想法或情緒的層次，然後進入更基本的身體感受領域。要先注意的是，事件帶給我們怎樣的感覺，以及身體是如何反應的。簡而言之，我們的感知會提供我們治療創傷的機會。

一旦觸及體內感知的受創孩童，也就開始注意來自爬蟲類大腦的本能衝動，因此，小孩很可能會留意到微妙的變化和反應，而這些變化和反應都是專門為了幫助釋放多餘的能量、完成之前被阻礙的感覺和反應而設的。留意這些變化和反應能幫助能量的釋放。

那些變化可能非常微妙：譬如，體內感覺像塊石頭的東西也許突然會融化成溫暖的液體。如果只去觀察這些變化而不妄加批判的話，這些變化會給人帶來極大的好處。但如果強行賦予它們意義，或者針對它們大發議論，也許會將孩子的感知轉移到更進化的大腦區塊，從而中斷孩子與爬蟲類大腦建立的直接聯繫。

伴隨感知的身體反應通常包括不自覺的發抖、哆嗦和哭泣。身體也許想要慢慢地以某種特定方式移動。如果它們被「人要堅強、要表現正常或順應熟悉的感受」（要像個大人、你要勇敢）之類的想法壓制或打斷，這些反應就無法有效釋放累積的能量。

爬蟲類大腦激發的經驗層級有另一個特徵，就是節奏和時間選擇非常重要。試想一下……野外的一切都有週期：四季輪轉、月盈月缺，潮起潮落和日升日落。萬物遵循自然節奏，交配、繁殖、覓食、獵捕、睡覺和冬眠，一切跟隨自然變化而行。因此，人對創傷反應所做出的反應也要遵循自然過程。

這些節奏給人類帶來了雙重挑戰。首先，它們的步調比我們習慣的節奏要慢得多。其次，它們完全不受人為的控制，我們只能接納創傷的治療週期，觀察它和承認它很正常，不要去評估、操縱、催促或改變它。只要給它們時間以及去關注它們，它們就能順利治療創傷。

如果孩子沉浸在本能反應之中，至少能夠完成一個這樣的週期。你要如何知道這個週期結束了呢？辦法是聆聽孩子的心聲。仍處在感覺模式中而沒有專注於思維過程的受創孩子，會感到釋放和豁然開朗，之後他們的注意力就會重新回到外界。你一定能感覺到孩子發生了變化，並且知道治療已經發生。

化解創傷反應不僅可以消除日後出現類似反應的可能性，還能使我們更輕鬆地擺脫威脅局面，本質上，創造了我們面對壓力時具備自然的韌性。習慣承受壓力，並從中走出來的神經系統，比起承受持續不斷（即使不再累積的）壓力的神經系統更加健康。如果我們鼓勵孩子關注他們的本能反應，他們終其一生就能身心健康和充滿活力。

如何知道我的孩子是否心理受創

孩子若是在經歷嚴重的事故或接受手術（尤其是痲醉手術）之後，不久便出現怪異的行為，就表示他可能受創了。如果孩子不斷出現強迫性的怪癖（好比反覆用玩具車輾壓玩偶），幾乎可以肯定他沒有化解某個致創事件的反應（孩子的行為可能是真實重現創傷，也可能不是）。創傷型壓力的其他特徵包括：

1. 反覆出現的控制他人或外物的行為
2. 回覆早年的行為模式，比如吸吮手指
3. 老是發脾氣，怒火不可控制
4. 過度警覺
5. 容易受驚
6. 經常夜驚或做惡夢，睡著的時候身體猛烈擺動或尿床
7. 在學校無法集中注意力，或者健忘
8. 非常好鬥或非常內向，畏縮或膽怯

9. 非常黏人

10. 有肚子疼、頭疼或其他原因不明的病痛

要弄明白某種不尋常的行為是否真的是創傷反應，可以試著提起那個駭人事件，然後看看孩子如何反應。受創的孩子也許會不願意別人在他面前提起致創事件，或者在有人提起致創事件之後，他會變得非常激動或害怕，甚至控制不了自己，不停談論這件事情。

這些現象也會透露過去的情況。已經「長大」且不再有異常行為模式的孩子，不一定已經釋放了產生這些行為的能量。創傷性反應之所以能潛伏多年，原因是不斷成熟的神經系統能夠控制這些多餘的能量。可怕的事件會讓孩子早年改變行為，你可以讓孩子回想那個可怕的事件，也許能藉此一窺孩子的創傷端倪。

你不必為重新啟動某種創傷症狀而擔心。所涉及的生理過程雖然很原始，卻能夠與允許創傷遵循自然癒合過程的干預措施良好搭配。孩子非常善於體驗創傷反應中具有治療效果的那一面，你只要提供機會讓他們能夠治療創傷即可。

薩米的案例

下面的例子告訴我們，一件普通事件若是偏離正軌，可能會發生什麼後果。

薩米（Sammy）在奶奶和繼爺爺家裡度週末，我當時到他們家作客。薩米非常霸道，像個小霸王，非常強勢，每個人都要聽他的。他看什麼都不順眼，醒著的時候會一直發脾氣，睡著時則會輾轉反側，好像在跟被子打架。對於一個才兩歲半，而且父母週末常常不在身邊的孩子來說，這種行為似乎不大意外（有分離焦慮症的孩子通常會出現這種症狀）。不過，薩米一直都很喜歡來爺爺奶奶家，這樣的舉止的確很反常。

他的爺爺奶奶說，大約六個月前，薩米從高腳椅上摔了下來，把下巴摔裂了，結果流血不止，被送到急診室。當護士幫他量體溫和血壓時，薩米驚恐萬分，讓護士根本無法測量。薩米當時兩歲，隨後被綁在兒童專用的手術臺上（一塊板子，帶有護翼和魔鬼氈束帶），身體四肢無法動彈，唯一能動的就是他的頭和脖子，他當然就會拼命扭動頭和脖子。結果醫生把束帶綁得更緊，才能幫他縫合下巴。

在這場手術風暴過去之後，薩米的爸媽帶他吃漢堡，又帶他去了遊樂場。他的母親非常細心，曾仔細觀察他是否被嚇到或受到傷害，但薩米好像把一切都忘得一乾二淨。然而，在這次事件發生後不久，薩米便開始成了小霸王。他的失控行為是否與他在這次創傷中經歷的絕望無助有關呢？

我發現薩米以前曾經因為受過各種傷而進出急診室好幾次，雖然他從未表現出類似的害怕和恐慌。等他的父母回來之後，我們一致同意去探究一下，看看他是否因為不久前的那次經歷而遭受了創傷。

我們都聚在了我住的小屋裡，薩米一個字都不願提起那次摔跤以及在醫院的經歷。在薩米爸爸媽媽和爺爺奶奶的注視下，我把他的小熊維尼放到一把椅子上，讓小熊從椅子掉到地上，然後要被送往醫院。薩米當時尖叫著，衝出門去，穿過一條人行陸橋，跑上一條通往小溪的狹窄道路。我們證實了自己的懷疑，確認最近那次就醫經歷傷害了薩米，而他也沒有忘記。薩米的行為表明，剛剛的這場遊戲讓他崩潰。

薩米的父母將他從小溪旁帶了回來，他猛力抱住媽媽不放。我們準備進行另一項遊戲時，向他保證我們都會在旁邊保護小熊維尼。他又再一次逃跑了，但這次是跑進我的臥室。我們跟著他進了臥室，等著看他會做什麼。薩米跑到床旁邊，用兩手捶打著床，同時滿心期待地看著我。我認為他想要繼續遊戲，便把小熊放在一條毯子下面，然後把薩米抱上床，放在小熊旁邊。

「薩米，我們都來幫幫小熊維尼吧。」

我把小熊維尼壓在毯子下面，然後讓每個人都來幫忙。薩米饒有興趣地看著這一切，但很快又起身向他媽媽跑去。他抱住她，說道：「媽咪，我怕怕。」我們沒有給他壓力，只是在那裡等著，等到他進入狀態，願意再次玩這個遊戲。接下來奶奶和小熊維尼熊一起被壓在毯子下，薩米積極參與了對他們的「救援」行動。當小熊維尼被救出來之後，薩米又跑到媽媽身邊，更驚恐地抱住她，但同時也夾雜著興奮、勝利和自豪感。他高高挺起了胸膛。他後來又去抱住媽媽時，已經不抱得那麼緊了，更多的是興奮和雀躍。我們一直等到他願意再次開始遊戲。除了薩米之外，每個人都輪流和小熊維尼一起被救援。每一次救援結束，在拉開毯子的那一刻，薩米都會變得更活躍。

輪到薩米要和小熊維尼一起被壓到毯子下面時，他變得非常激動和恐懼，又衝向媽媽懷裡好幾次，最後才接受了這個終極挑戰。薩米很勇敢，爬到毯子下面和小熊維尼躺在一起，而我則輕柔地把毯子拉過來蓋住他們。我看到他恐懼地睜大著眼睛，但只持續了那麼一瞬間。然後他抓住小熊維尼，把毯子掀到一邊，撲進了媽媽的懷抱。薩米抽泣和顫抖，大聲叫道：「媽咪，把我弄出去，把這個東西從我身上弄掉。」他的父親大吃一驚，告訴我說薩米被綁到手術臺上時大聲喊叫的就是這兩句話。他之所以記得這麼清楚，是因為他當時非常驚訝，發現兩歲多一點的兒子竟然能夠說出這樣直接而清楚的話。

我們又繼續玩了幾次這個逃脫遊戲，薩米表現得一次比一次更堅強，而且感覺更有自信。他不再恐懼地向媽媽跑去，而是興奮地又蹦又跳。每一次成功逃脫之後，我們都會一起鼓掌、跳躍和歡呼，「耶！薩米真棒！耶，薩米救了小熊維尼。」兩歲半的薩米戰勝了幾個月之前讓他大受打擊的事件。

如果我們沒有進行這次的介入治療，情況會如何？薩米會不會更焦慮、更警覺和更有控制欲？創傷會不會讓他日後的行為更加受限，以及讓他更無法適應環境？他會在數十年之後重現事件，還是發展出無法解釋的症狀（譬如，肚子疼、偏頭疼或焦慮發作），卻找不出病因為何？這些顯然都有可能發生，而且不大可能找得出原因。我們不知道一個孩子的創傷經驗會在何時以何種形式顯現，也不知道究竟會不會出現。然而，我們可以透過介入療法去保護我們的孩子，避免他遇到這種情況。我們還可以幫助他們變成更有自信且行為更加自然的成年人。

創傷性玩耍、重現和重新協商

當我們檢視薩米的案例時，要分清楚創傷性玩耍、致創事件重現，以及與創傷經歷重新協商這三者的區別，這一點很重要。受創的成年人經常會重現某個事件，或多或少（至少在他們的潛意識中）代表著他們的初始創傷。同理，孩子會玩耍時重現致創事件，雖然他們可能沒有意識到這種行為背後的意義，但他們會在與初始創傷相關感覺的強烈驅使下重現這些事件。即使他們不肯談論創傷，但可透過創傷性玩耍讓孩子講述致創事件。

在《嚇得不敢哭》（*Too Scared To Cry*）一書中，精神科醫生萊諾爾．泰爾（Lenore Terr）描述三歲半的勞倫（Lauren）玩玩具車時的情況和反應。「車要輾到人了！」

勞倫飛快推著兩輛玩具車向幾個手指布偶衝過去時如此說道。「它們把尖尖那一頭戳到人身上。人們很害怕。尖尖的東西會戳到他們肚子，戳到他們嘴裡，戳到……（她指著自己的裙子）。我肚子疼。我不想再玩了。」當這種身體症狀上的恐懼感突然出現時，勞倫就會停下來，這是她很典型的反應。她又會一遍又一遍地玩這個遊戲，但她一恐懼而肚子疼時，就會停止。有些心理學家也許會說，勞倫透過遊戲去掌控曾讓她心理創傷的局面。她的遊戲有點像常被用來幫助成年人克服恐懼症的「暴露」（exposure）治療法。然而，泰爾指出，這個孩子這樣玩耍就算能化解痛苦，效果也是非常緩慢。她只會強迫性地這樣玩耍，根本無助於解決問題。而解決不了問題的重複創傷性遊戲會強化創傷影響，就像重現和宣洩會強化成人的心理創傷一樣。

對創傷性經驗進行修正或重新協商（如我們從薩米身上看到的）則是一種與創傷性遊戲或重現截然不同的過程。只要任由孩子自己去應對，多數孩子會竭力逃避玩耍中激發的創傷感受。薩米受到了引導，逐漸且有序地克服恐懼，從而「承受住他的感覺」。通過逐漸與創傷進行重新協商以及在小熊維尼的幫助下，薩米最終以勝利者和英雄的面目走出陰霾。透過重新協商來化解致創事件的影響時，只要順利完成，當事者都會有一股勝利的感覺，認為自己就是個英雄。

協助孩子進行創傷重新協商的基本原則

我會利用薩米的經歷來討論下面原則：

1. **讓孩子決定遊戲的節奏**。當小熊維尼從椅子掉到地上時，薩米跑到屋外，這就清楚表示薩米還沒有做好心理準備。在繼續遊戲之前，他的父母必須「拯救」和安慰他，將他帶回到當時的情景中。我們都要向薩米保證，我們會一起幫助他保護小熊維尼，藉此讓薩米更願意去玩這項遊戲。

薩米跑到臥室而沒有跑出門，其實是在告訴我們他受到的威脅沒那麼強烈了，他自己更有信心了。孩子也許不會用言語告訴你他們想要繼續下去，但你可以從他們的行為和反應找到暗示。你要尊重他們的想法，依循他們想要的溝通方式。不要強迫孩子做他們不願意做和做不了的事情。如果你發現孩子感到害怕、呼吸急促、身體僵硬或一臉茫然，請放慢速度。只要安靜在旁耐心等待，同時向孩子保證你會一直待在他們身邊，孩子的這些反應就會消失。孩子的眼神和呼吸通常會告訴你何時應該繼續。請各位再讀一遍薩米的故事，特別注意那些能表明他想繼續玩遊戲的地方。除了前面提到的那一處，還有三處明顯的地方。

2. 區分害怕、恐懼和興奮。在創傷性玩耍中，哪怕短短一瞬間的害怕和恐懼都會使孩子無法擺脫創傷。孩子一般會逃避這些恐懼的感覺，請隨他們去，不要干涉他們。此時要確定你能分清迴避和逃跑。當薩米跑到小溪邊時，他表現出的是迴避行為。為了化解他的創傷反應，薩米需要感到自己的一切行動都在自己的掌控中，而不是受情緒的驅使。孩子一旦發現害怕和恐懼讓他招架不住時，就會做出迴避行為。這種行為通常伴隨著某種痛苦標誌（哭泣、驚恐的眼神、尖叫）。反過來說，主動逃跑則會讓人高興。孩子會因為自己獲得小小的勝利而興奮，他們此時經常會面露微笑、拍手鼓掌或開懷大笑。整體而言，這種反應迥異於迴避行為。

興奮表示孩子順利釋放了初始致創事件帶來的情緒，這是積極、可取且必要的。把不可忍受的感覺和知覺轉化成令人愉快的感受，如此便可轉化創傷。這一點只能在活躍等級和導致創傷反應的活躍等級相似時才能發生。如果孩子非常興奮，可以鼓勵他，然後繼續下去，就像我們和薩米一起鼓掌和跳舞那樣。假使孩子感到驚恐或害怕，就要去安慰他，此時不要鼓勵他往下走。你要全神貫注，隨時從旁協助，不時安慰孩子，耐心等待，直到他們不再恐懼。

3. 一步一腳印。與致創事件進行重新協商時，步調再慢都不為過。所謂創傷性玩耍，就是一直重複遊戲。利用這種循環往復的特點。重新協商和創傷性玩耍之間的關鍵區別在於，在重新協商中，孩子的反應和行為會逐漸變化。薩米跑到臥室而沒有跑出門外，這就表示有所進步。無論重複多少遍，只要孩子的反應有所不同，哪怕是最輕微的差別（好比更加興奮、話更多了，或者動作更加自然），一切都表明孩子正在擺脫創傷的陰影。如果孩子的反應似乎有收縮或重複的跡象，而不是往擴展和多樣化的方向進展，可能是你在重新與致創事件協商時一下子步伐邁得太大，讓孩子一時承受不了。此時不妨把變化的步調放慢點。如果這樣做沒效的話，請重新閱讀本章，更加仔細觀察自己扮演的角色，更密切地觀察孩子的反應，說不定你疏漏了某些信號。

我們至少讓薩米和小熊維尼一起玩了十次遊戲。薩米能夠迅速與自己的創傷反應重新協調，但別的孩子也許要花更長的時間。別擔心你們需要把同一套遊戲玩多少遍。如果孩子有所反應，你就不要擔心，只管玩就是了。

4. 耐心是優良的「容器」。別忘了，大自然會站在你這一邊。對成年人來說，在跟孩子一起與致創事件進行重新協商時，也許最困難和最重要的一點就是你要相信情況必定會好轉。這種發自你內心的感覺會投射到孩子心裡，它會變成一個容器，會用信心將孩子包圍起來。如果你的孩子不願意讓你修復他的創傷，這一點就特別難做到。然而，你要有耐心，要去安撫孩子。孩子通常都很願意重新修復自己的經歷。你只要等待他們表達意願。如果你非常擔心孩子不能轉化創傷反應，可能就會在無意間向孩子發出自相矛盾的資訊。成年人若是本身就有尚未化解的創傷，尤其容易掉進這個陷阱。別讓孩子因為你沒有化解創傷經歷而承受痛苦，你可以請別人來幫助孩子和協助你自己。

注1：「基本書籍」出版社（Basic Books）出版，一九八四年。

5. **如果你感到孩子並未從遊戲中受益，請停下來**。薩米能在一次診療中完成重新協商，但並非所有孩子都能如此。有些孩子也許需要接受好幾次診詢。如果努力了幾次之後，孩子仍然沒有改善，並未出現任何勝利和快樂的表情，此時就不要再強行玩遊戲了，要向專業人士求助。

治療孩子的創傷非常重要也極為複雜。因此，我現在正在寫一本書來專門探討這個問題，書中包含父母、老師和治療師可以運用的詳細資訊。

後記

「詛咒攀上雲朵的心靈，
只為了尋找神話中的國王，
但冥冥之中，
神話事物卻為靈魂哭泣，
哭它不肯對身體平等以待，
我從未學會去碰觸底層
一路下去、下去，下到鬣蜥能感知的地方。

——朱蒂．梅哈姆（Judy Mayham），
〈鬣蜥之歌〉（*"Iguana Song"*）

三腦一心

我們探索創傷時知道我們的爬蟲類大腦會儲存原始能量。人不是爬蟲類，但如果無法充分運用我們的爬行和哺乳類先祖留給我們的遺產，我們就不是完整的人類。人性要完整，就要整合我們「三位一體大腦」的功能。

我們明白，為了化解創傷，必須學會在本能、情緒和理性思維之間自由移動。如果這三種資源能夠和諧共處，感知、感覺和認知能交流無礙，我們的生物體就能按照上天的設計來正常運作。

為了學習辨認和接觸身體感覺，我們開始去探索體內掌管本能的爬蟲類根源。本能只是反應而已，然而，我們唯有運用哺乳類情緒腦和人類認知能力去有序整合和擴展這些反應，才能充分運用我們承繼的這份進化遺產。

我們必須知道，大腦中比較原始的區塊並非僅為了我們的生存而存在（正如我們的現代頭腦並非只具備認知功能）。它們攜帶關於我們是誰的重要資訊。這些本能不僅告訴我們何時該戰鬥、逃跑或凍結，還能讓我們知道我們屬於這裡。「我是我」的這種感知就是一種本能。我們的哺乳類動物腦將這種感知擴大為「我們是我們」，亦即我們共同屬於這裡。我們的人類大腦則超越物質世界，替我們增添反省和連結能力。

如果我們不能明確與本能和感覺建立聯繫，就無法感受到我們與地球、家庭或其他事物的聯繫或歸屬感。

創傷的根源正在於此。我們與體驗感知中的歸屬感失去聯繫之後，我們的情緒就會踉踉蹌蹌在孤獨的真空中飄移。它讓我們的理性大腦根據孤立而非聯繫來創造出錯覺。這些錯覺迫使我們互相競爭、發動戰爭、彼此嫌惡，並且讓我們比較不會根據天性去尊重生命。如果我們感覺不到自己與萬物的聯繫，我們會輕易摧毀或忽略這些東西。合作和愛是人類的天性。我們喜歡共同協作，然而，如果我們的大腦沒有充分整合，我們就無法瞭解自己的這一面。

在治療創傷的過程中，我們整合了三位一體大腦。在整合過程中發生的轉化讓我們完成進化使命。我們完全成了人類動物，能夠完全掌控天生的能力。我們可以是勇猛的戰士或溫柔的養育者，以及扮演介於這兩者之間的一切角色。

HEART
心|視野　心視野系列 124

喚醒老虎

WAKING THE TIGER：HEALING TRAUMA：THE INNATE CAPACITY TO TRANSFORM OVERWHELMING EXPERIENCES

作　　　者　彼得．列文（Peter Levine）
譯　　　者　吳煒聲
封 面 設 計　Dinner
版 型 設 計　Dinner
內 文 排 版　許貴華
行 銷 企 劃　蔡雨庭．黃安汝
出版一部總編輯　紀欣怡

出　版　者　采實文化事業股份有限公司
業 務 發 行　張世明．林踏欣．林坤蓉．王貞玉
國 際 版 權　施維真．王盈潔
印 務 採 購　曾玉霞．謝素琴
會 計 行 政　李韶婉．許俽瑀．張婕莛
法 律 顧 問　第一國際法律事務所　余淑杏律師
電 子 信 箱　acme@acmebook.com.tw
采 實 官 網　www.acmebook.com.tw
采 實 臉 書　www.facebook.com/acmebook01

I S B N　978-626-349-377-3
定　　　價　450元
初 版 一 刷　2023年8月
劃 撥 帳 號　50148859
劃 撥 戶 名　采實文化事業股份有限公司
104台北市中山區南京東路二段95號9樓
電話：(02)2511-9798　　傳真：(02)2571-3298

國家圖書館出版品預行編目資料

喚醒老虎 / 彼得 . 列文 (Peter Levine) 著 ; 吳煒聲譯 . -- 初版 . -- 臺北市 : 采實文化事業股份有限公司 , 2023.08
384 面 ; 14.8×21 公分 . -- (心視野 ; 124)
譯自 : Waking the tiger : healing trauma: the innate capacity to transform overwhelming experiences
ISBN 978-626-349-377-3(平裝)
1.CST: 創傷後障礙症 2.CST: 心理治療

178.8　　112011084

采實出版集團
ACME PUBLISHING GROUP